내 편을 만드는 대화법

내 편을 만드는 대화법

초판 1쇄 인쇄 | 2025년 12월 12일
초판 1쇄 발행 | 2025년 12월 24일

지은이 | 한창욱
펴낸이 | 박찬근
펴낸곳 | 주식회사 빅마우스출판콘텐츠그룹
주　소 | (10550) 경기도 고양시 덕양구 삼원로 73 한일윈스타 1422호
전　화 | 031-811-6789
팩　스 | 0504-251-7259
메　일 | bigmouthbook@naver.com
본　문 | 미토스
표　지 | 강희연

ⓒ 한창욱

ISBN 979-11-92556-56-7 (03320)

* 잘못 만들어진 책은 구입처에서 교환 가능합니다.

내 편을 만드는 대화법

품격 있는 말 센스

핫정욱 지음

빅마우스

Prologue
친구도, 동료도 아직은 내 편이 아니다

"선배님, 다음 주 수요일에 저녁 식사 어떻습니까?"
"요즘 사업 잘되나 봐?"
"네, 매일 한 걸음씩 성장해나가고 있습니다."
"대단해! 이 어려운 시기에……."
"모두 선배님이 도와주신 덕분이죠."
통화를 끝낸 K는 휴대폰 알림장에 메모한 뒤, 파란 하늘에 떠 있는 구름을 한동안 올려다보았다. 지난 시절이 꿈만 같았다.

K는 대학을 졸업하고 자동차회사에 입사해서 구매팀장까지 올랐다. 동기들 중 가장 빠른 승진이었다. 순풍에 돛 단 듯 모든 일이 순조로워서, 세상 사람들이 모두 내 편이라는 생각마저 들었다.
자신감이 넘쳤던 그는 사업가로 성공하기 위해서 사표를 냈다. 재직 기간 동안 눈여겨보았던 납품업체를 인수했다. 그때부터 고난의 행군이 시작되었다.

처음 한동안은 모든 일이 술술 풀리는 듯했다. 하지만 그것도 얼마 가지 않았다. 대화를 나누다 보면 예전에는 "네, 알겠습니다!"를 연발하던 사람들이 "글쎄요?"라며 고개를 갸웃거리기 일쑤였다. 갑이었다가 을의 처지가 되어서 그런가 싶어서, 각별히 접대에 신경 썼지만 결과는 크게 달라지지 않았다.

그렇게 18개월이 지날 무렵, 예전 근무했던 곳으로부터 납품업체 선정에서 제외되었음을 통보받았다. 마른하늘에 날벼락이었다. 기다렸다는 듯이 빚 독촉이 쏟아졌다. 결국 그는 배신감에 몸을 떨며 사업체를 접어야 했다.

그 뒤로 3년 동안 세 번을 더 창업했으나 결과는 같았다. 아군이라고 철석같이 믿었던 지인들이 결정적인 순간에 등을 돌렸다.

집에서 폐인처럼 지내고 있는데 장인이 찾아왔다. 빌려준 사업 자금을 독촉할 줄 알았는데, 불쑥 돈봉투를 내밀었다.

"젊은 사람이 얼굴이 그게 뭔가? 바람이라도 좀 쐬고 오게!"

썩 내키지는 않았지만 집에서 아내 눈치만 보는 것보다는 낫겠다 싶어서, 배낭 하나 달랑 메고 전국 여행을 떠났다.

한가롭고 평화로운 풍경 속에서도 마음은 편하지 않았다. 머릿속은 사업 실패에 대한 분석으로 복잡했다. 지난 시간들을 하나씩 되짚어보니 비로소 자신에게 문제가 있다는 사실을 깨달았다.

세상 사람들은 아군도, 적군도 아니었다. 친하다고 생각했던 친구나 동료 역시 마찬가지였다. 내가 내 편이듯, 그들은 그들 자신의 편이었다. 내 편으로 끌어들이기 위해서는 신뢰가 형성됐어야 했는데, 그러질 못했다. 나 잘난 맛에 살다 보니 소통 방식에 문제가 생겼고, 결정적인 순간에 내 편에 서지 않은 것이다.

한 달 남짓한 여행에서 돌아온 그는 집중적으로 체력을 길렀다. 근육과 함께 자신감이 붙었다. 처음부터 다시 시작해봐야겠다는 생각이 들었다. 그는 볼트와 너트, 와셔를 생산하는 회사에 영업사원으로 취업했다.

5년 남짓 영업을 하다가 독립해서 소규모 회사를 차렸다. 그동안 튼튼하게 구축해놓은 인맥 덕분일까? 회사는 매년 빠르게 성장해가는 중이다.

――― ◆ ―――

소통에는 4단계가 있다.

1단계는 서로의 상태를 확인하는 단계다. 인사말로 비유하면 "잘 지냈어?" 하고 묻는 단계다. 사귐의 첫 번째 단계인데, 소통할 때 1단계를 벗어나지 못하는 사람들도 있다.

2단계는 사실을 알려주는 단계다. "얼마 전부터 취미삼아 요리를 배우고 있어"라며 개인적인 사실을 말할 수 있는 단계다. 만나서 각자 자신의 말만 한다면 2단계라고 보면 된다.

3단계는 감정을 주고받을 수 있는 단계다. "너에게 내가 요리한 식사를 대접하고 싶어. 시간 내줄 수 있어?"라며 슬쩍 나의 감정을 드러내는 단계다. 이때는 자칫하면 마음의 상처를 입을 수도 있기에 상대방의 감정 상태를 잘 살펴야 한다.

4단계는 공감하는 딘게다. "잘했어! 나도 정말, 화가 나너라"라며 상대방의 마음과 하나가 되는 단계다. 4단계에 이르기 위해서는 서로 간에 신뢰가 쌓여 있어야 한다. 그래야만 감정적인 부분은 물론이고, 인격적으로도 하나가 될 수 있다.

스스로 대화술에 능하다고 생각하는 사람들도 대부분 3단계에 머물러 있다. 대화로 원하는 바를 얻어내기 위해서는 내 마음은 물론이고 상대방의 마음도 알아야 하는데 상황이 시시각각 변하다 보니 뜻대로 되지 않는다. 그래서 소통은 무난하게 한다 해도 설득은 쉽지 않다. 안톤 체호프는 "부드러운 말로 상대방을 설득하지 못하는 사람은 위엄 있는 말로도 설득하지 못한다"고 충고한다.

설득은 강요가 아니다. 세상을 무탈하게 살기 위해서는 아군은 만들지 못할지언정 적을 만들어서는 안된다. 3단계부터는 자칫 잘못하면 오히려 적을 만들 수 있다.

이 책은 소통의 근본에서부터, '소통의 달인'이라 할 수 있는 4단계에 이르는 노하우를 담고 있다. 독서를 하다가 '나에게 부족한 부분이 이것이구나!' 하고 문득, 깨닫는 순간이 찾아온다면 저자에게도 더없는 기쁨이리라.

인생에서 가장 훌륭한 것은 대화다.
그리고 그 대화를 완성시키는 가장 중요한 것은
사람들과의 신뢰관계, 즉 상호이해를 두텁게 하는 일이다.

_ 랠프 에머슨

Prologue **친구도, 동료도 아직은 내 편이 아니다** ▶ 4

Chapter 1 소통은 나를 신뢰하는 데서부터 시작된다

- 나의 정체성을 찾아라 ▶ 16
- 낙관을 벗으로 삼아라 ▶ 19
- 나를 신뢰해야 세상이 내 편이 된다 ▶ 22
- 내가 지워버리면 실수는 아무도 기억하지 않는다 ▶ 25
- 불행을 관찰할 때 진정한 불행이 시작된다 ▶ 29
- 모든 일이 뜻대로 흘러가지 않아도 웃어라 ▶ 32
- 꿈을 떠벌리면 나와의 약속이 된다 ▶ 35
- 성공에 대한 기대감이 성공을 이룬다 ▶ 39
- 성취감을 맛보려면 일단 시작해라 ▶ 42
- 성공하는 습관을 길러라 ▶ 45
- 남의 멋진 삶과 비교하지 마라 ▶ 48
- 원하는 것을 당당하게 말해라 ▶ 51
- 칭찬은 최고의 선물이니 감사하게 받아라 ▶ 55
- 욕망을 줄이면 인생이 즐겁다 ▶ 58
- 속도를 줄이면 인생이 보인다 ▶ 61
- 잘못은 감추지 말고 인정해라 ▶ 65
- 때론 기분을 솔직하게 표현해라 ▶ 68
- 선한 영향력을 발휘해라 ▶ 71

Chapter 2 이렇게 말하면 내 편도 적이 된다

- 직설적으로 말하지 마라 ▶ 78
- 돌려서 비방하지 마라 ▶ 81
- 지나친 과시는 반감을 부른다 ▶ 84
- 자극적인 말은 내뱉지 마라 ▶ 87
- 내 일이 아니라고 쉽게 말하지 마라 ▶ 91

목차

상대방의 말을 싹둑 자르지 마라 ▶ 94
힘들어도 떠벌리고 다니지 마라 ▶ 97
막말에 일일이 반응하지 마라 ▶ 100
심한 자책은 자존감을 떨어뜨린다 ▶ 103
책임을 회피하지 마라 ▶ 107
용모로 타인을 평가하지 마라 ▶ 110
이기는 대화에 집착하지 마라 ▶ 113
인맥은 평상시에 관리해야 유용하게 쓸 수 있다 ▶ 116
정확하지 않은 사실은 퍼뜨리지 마라 ▶ 119
자랑하면 할수록 상대방의 마음은 점점 멀어진다 ▶ 122
대화를 가로채지 마라 ▶ 125
내 생각이 옳다고 해도 확신하지는 마라 ▶ 128
센 척할수록 경계수위가 높아진다 ▶ 131
이미 잘못을 저질렀다면 추궁하지 마라 ▶ 133
거짓말을 점점 줄여나가라 ▶ 137
상대가 감추고 싶어 하는 상처는 들추지 마라 ▶ 140
일방적인 대화는 폭력이다 ▶ 143
상대방의 생각이나 의향도 살펴라 _ 147

Chapter 3 적도 내 편으로 만드는 비결

상대방의 시간을 아끼고 존중해라 ▶ 152
말하는 즐거움을 넘겨줘라 ▶ 155
'우리'라고 말할 때는 진심을 담아라 ▶ 159
관심을 기울이면 마음의 문이 열린다 ▶ 162
경청은 소통의 시작이다 ▶ 165
표정과 몸짓은 전달력과 이해력을 높여준다 ▶ 168
칭찬은 나를 빛나게 한다 ▶ 172
공감해주는 사람이 진정한 친구다 ▶ 175
정보가 정확하면 불확실성이 해소된다 ▶ 178
인간은 실수하는 존재다 ▶ 181
품어주고 안아주어라 ▶ 185

결점은 결속력이 있다 ▶ 188
원하는 말을 들려줘라 ▶ 191
추임새는 상대방의 기를 살려준다 ▶ 194
힘들어할 때는 용기를 심어줘라 ▶ 197
격려해주는 사람은 잊지 못한다 ▶ 201
과오는 인정하고 용서를 구해라 ▶ 204
분야가 달라도 귀를 기울여라 ▶ 207
웃음을 주는 사람에게 끌린다 ▶ 211
감성으로 설득해라 ▶ 214
불필요한 심리전은 마음을 멀어지게 한다 ▶ 217
비전을 갖고 함께 성장해나가라 ▶ 221

Chapte 4 마음을 사로잡는 대화의 기술

마음으로 들어가는 문 앞에 서라 ▶ 226
호의는 쉽게 잊지 못한다 ▶ 229
상대방의 관심사를 화제로 삼아라 ▶ 232
베스트셀러가 마음을 움직인다 ▶ 235
욕구를 채워주면 내 편이 된다 ▶ 239
전문가의 말은 설득력이 있다 ▶ 242
웃음이 마음의 빗장을 푼다 ▶ 245
호기심을 이용하면 설득이 용이해진다 ▶ 249
흔하지 않아야 소유욕이 생긴다 ▶ 252
사과할 줄 알아야 신뢰할 수 있다 ▶ 255
기분을 바꿔주는 연상작용 ▶ 259
앞말이 사실이라면 뒷말도 사실로 받아들인다 ▶ 262
자기가 친절을 베푼 사람을 더 좋아한다 ▶ 265
자신감이 설득력이다 ▶ 268
한결같다면 신뢰할 수 있다 ▶ 271
존중받는 사람이 능력을 발휘한다 ▶ 275
훌륭한 비유는 설득력이 강하다 ▶ 278
친절이 마음을 흔든다 ▶ 281

최고의 처세술은 정직이다 ▶ 285
가끔은 침묵이 더 설득력 있다 ▶ 288

Chapter 5 회사에서 소통의 달인이 되는 법

숫자로 말하면 정확한 사람이라는 인식을 준다 ▶ 294
두괄식 보고를 하면 심플해 보인다 ▶ 297
태도의 변화가 큰 차이를 만든다 ▶ 300
사적인 정보교환이 공감대를 형성한다 ▶ 303
상대방의 말을 부정하는 듯한 접속부사는 피해라 ▶ 306
칭찬의 기술을 익혀라 ▶ 309
윗사람의 체면을 생각하고 말해라 ▶ 312
사명감이 가치와 능력을 높여준다 ▶ 315
같은 위치에서 같은 방향을 보게 해라 ▶ 319
확실하고 명료하게 대답해라 ▶ 322
감사 인사만 잘해도 인정받는다 ▶ 325
상대방의 입장을 생각해서 사과해라 ▶ 328
고민이나 불만은 진지하게 경청해라 ▶ 331
혼자서 일하던 시대는 지났다 ▶ 334

Chapter 1

소통은
나를 신뢰하는 데서부터
시작된다

나의 언어의 한계는
나의 세계의 한계를 의미한다.

_ 비트겐슈타인

{ 나의 정체성을 찾아라

'너 자신을 알라!'

소크라테스의 명언으로 널리 알려진 이 말은 사실 고대 그리스의 유명한 격언이다. 누구의 말이냐에 상관없이 이 말이 중요한 까닭은 철학으로 들어서는 근본적 질문이기 때문이다.

너 자신을 알라는 말을 살짝 바꾸면 '나는 누구인가?'라는 질문과 마주하게 된다.

거울에 비친 모습이 나일까?
그렇다면 생각하는 나는 누구인가?
거울 속 나와 생각하는 나는 하나일까?

철학은 생각을 통해서 나의 정체성을 찾아가는 과정이라 할 수 있다.

오늘날 철학은 현실과 동떨어진 고리타분한 학문으로 취급받지만 세상을 살아나가는 데 무엇보다 중요한 학문이다. 인간은 생각하는 존재이기 때문에 무슨 일을 하든 생각으로부터 자유로울 수 없다. 철학이 중요한 이유는 '생각하는 힘'을 길러주기 때문이다.

'자존감'이란 내가 가치 있고 소중한 존재이며, 어떤 성과를 이뤄낼 가능성을 지닌 존재라고 믿는 마음의 상태다. 즉, 나의 정체성에 대한 나 스스로의 평가라 할 수 있다.

인간의 눈은 밖으로 나 있어서 나 자신보다는 타인을 관찰하기 용이하다. 철학적으로 사유해보지 않는 한 내가 누구인지 알 수 없다. 온종일 거울을 들여다봐도 고작 생김새만 보일 뿐 '참된 나'는 보이지 않는다. 그러다 보니 주변 사람들의 반응이나 나를 대하는 말과 행동, 태도 등으로 스스로를 평가한다.

"넌 쓰레기 같은 놈이야!"

"넌 아주 저질에다 형편없는 놈이야!"

주변 사람들이 무시하거나 욕설을 내뱉으면 별다른 의심 없이 자신을 '쓰레기' 혹은 '형편없는 놈'으로 받아들이고 만다.

그래서 어렸을 때부터 사랑받고 존중받으며 자란 사람일수록 자존감이 높다.

그렇다면 가난한 집안에서 존중받지 못하고 자란 사람은 자존감이 낮을까? 반드시 그렇지는 않다. 열악한 환경에서 자랐더라도 사색을 통해서 생각의 힘을 기른 사람은 자존감이 높다.

나이를 먹을 만큼 먹었음에도 자존감이 낮아서 악순환 고리에 갇혀 있다면 자존감부터 회복해야 한다. 가장 먼저 해야 할 일은 '생각의 힘'을 기르는 것이다.

  나에 대한 판단을 왜 다른 사람에게 맡기는가? 스스로에게 "나는 누구인가?"라는 물음을 던져서 나의 정체성을 찾아볼 필요가 있다.

  인생은 상황의 연속이다. 나의 정체성을 깨닫고 나면 예기치 않은 상황에 처했을 때의 대처 반응이 달라진다. 마치 연극배우가 무대에서 분장하고 연극을 하듯이, 근본적으로 나는 바뀐 게 없고 상황만 바뀌었음을 알기 때문이다.

  연극에서 거지 역할을 맡고 있다고 해서 내가 거지인가?

  연극에서 왕 역할을 맡고 있다고 해서 내가 왕인가?

  바뀐 건 아무것도 없다. 거지 배역을 맡든, 왕 배역을 맡든 나는 여전히 좋은 배우가 될 가능성을 지닌 연극배우일 뿐이다.

  "나는 누구일까?"

  분주한 나날을 보낼지라도 틈틈이 나를 돌아보라. 세상이 힘겹게 느껴지고, 삶에 회의감이 몰려오는 것은 이 세상을 살아가고 있는 나의 실체를 모르기 때문이다.

  나의 정체성을 깨달으면 자존감이 높아진다. 그럴 때 좀 더 당당하고 행복한 인생을 살 수 있다.

낙관을 벗으로 삼아라

'우리는 같은 강물에 두 번 발을 담글 수 없다.'
이는 고대 그리스의 철학가 헤라클레이토스의 명언이다.
오랜 세월이 흘렀지만 그때나 지금이나 세상 만물은 시시각각 변해 간다. 누구도 똑같은 순간을 두 번 마주하지 않는다. 상황이나 공간은 똑같을지언정 시간도 다르고 마음 상태도 다르기 때문이다.
내 앞에 어떤 미래가 펼쳐질지 감히 예측할 수 없기 때문에 뇌는 만반의 준비를 한다. 만약의 사태에 대비한다는 명분 아래 서슴지 않고 최악의 상황까지 가정한다.

취업 못 하면 어떡하지?
폐인이 되어 방구석에 처박혀 여생을 살아가겠지?
실직하면 어떡하지?

온 가족이 거리로 나앉는 건가?
파산하면 어떡하지?
빚쟁이들 독촉이 장난 아닐 텐데!
차라리 죽어버릴까?

실현 확률이 희박한 최악의 경우까지 상상하며 두려움에 떤다. 하지만 그것은 현실이 아니다. 뇌가 빚어내는 여러 망상 중 하나일 뿐이다.
 어떤 상황에 처했을 때, 우리는 대개 '낙관'과 '비관'이라는 선택의 기로에 놓인다. 무엇을 선택하느냐는 각자의 몫이다. 긍정 마인드를 지닌 사람은 자상한 어머니 같은 '낙관'을 선택한다. 반면, 부정 마인드를 지닌 사람은 외계 생명체 에일리언처럼 끔찍한 '비관'을 선택한다.
 자상한 어머니는 어깨를 다독거리며 "진정해, 별일 아니야!" 하고 흥분한 뇌세포를 진정시킨다. 반면 에일리언은 미친 듯이 날뛰며 흥분한 뇌세포를 극한의 공포로 몰아넣는다. 에일리언이 폭주하면 할수록 나 자신은 점점 작아지고, 자존감은 바닥을 긴다. 불안감 때문에 당장 해야 할 일조차 하지 못한다.
 긍정 마인드는 자존감을 높이는 첫 번째 단계다. 어떤 상황에 놓일지라도 끔찍한 에일리언보다는 자상한 어머니를 선택하라. 그런 다음 입 밖으로 소리 내서 말하라, 최대한 자신 있는 목소리로.
 "걱정 마, 잘될 거야!"
 비록 내가 한 말이지만 확신에 찬 목소리를 듣고 나면 왠지 모든 일이 잘될 것 같은 기분이 든다.
 인생은 한 치 앞도 예측할 수 없다. 앞으로 어떤 일이 벌어질지 어느 누가 알겠는가. '모르면 손을 빼라'라는 바둑 격언이 있다. 잘 알지도 못하는 상황에서 잘못 건드렸다가는 상황만 악화시킬 뿐이다. 두려움이나 근심 걱정이 밀려들 때는 다른 생각을 하는 게 상책이다.

만약 계속 머릿속에 껌처럼 달라붙어 떨어지지 않는다면 아예 안으로 피고들어서 그 신체를 확인하는 것도 하나의 방법이다.

미국의 철학가이자 수필가인 헨리 데이비드 소로는 "두려움보다 더 두려운 것은 없다"라고 했다. 두려움은 실제보다 부풀려지고 과장되게 마련이다. 어떤 상황이 펼쳐질지 모르면서, 굳이 에일리언과 같은 괴물과 사투를 벌일 필요는 없지 않은가.

어렵고 힘들 때일수록 근심 걱정 따위는 내려놓고 상황 자체를 즐기려 노력할 필요가 있다. 두려움이나 걱정거리가 늘어나면 늘어날수록 자존감은 점점 하락한다.

바람에 흔들리는 갈대처럼 상황에 따라서 일희일비할 필요는 없다. 두려움과 걱정거리는 내가 초대한 최악의 손님이다. 그것들은 내가 처한 현실인 것처럼 위장하고 있지만 한낱 망상에 불과하다. 손님 접대를 한다는 핑계로 내 앞에 놓여 있는 현실을 외면하지 마라.

{ 나를 신뢰해야
세상이 내 편이 된다

'로마는 하루아침에 만들어지지 않는다'는 말처럼 오랜 세월 부정 마인드를 갖고 살아온 사람이 하루아침에 긍정 마인드를 지닐 수는 없다.

"걱정 마, 잘될 거야!"라고 소리 내서 말해도 부정 마인드를 지니고 있으면 머릿속에서 연쇄적으로 의심이 일어난다.

정말 잘될까?
잘 안 되면 어떡하지?
대책 없이 손 놓고 있다가 나중에 큰일 나는 거 아냐?

뇌에서 도미노처럼 계속 질문이 이어질 때는 머리를 흔들어 지워라. 그래도 안 될 때는 "스톱!" 혹은 "이제 그만!"이라고 소리쳐라.

자동차처럼 망상 또한 힘껏 브레이크를 밟으면 멈춘다. 그럼에도 망상이 멈추지 않는다면 정면으로 부딪쳐라.

일단 망상으로부터 벗어나는 게 급선무이니 소리 내서 말하라.

"그렇다면 어떻게 해야 상황을 바꿀 수 있을까?"

머릿속으로 계속 생각하는 것도 하나의 방법이다. 그러나 가장 좋은 방법은 일정한 시간을 정해놓고, 해결책이나 대응책을 찾아서 종이에 직접 써보는 것이다.

근심 걱정, 두려움, 긴장감 등이 반드시 나쁜 것만은 아니다. 그것들은 경계심을 키워서 인류가 생존해오는 데 중요한 역할을 했다. 하지만 막연한 두려움은 문제 해결에 조금도 보탬이 되지 않는다.

뇌세포가 두려움에 떠는 까닭은 실체가 모호하기 때문이다. 내가 두려워하는 것의 실체를 정확히 깨닫고, 어떤 식으로든 해결책이나 대응책을 마련하면 흥분되어 있던 뇌세포들이 서서히 진정한다.

빚 독촉에 시달리고 있다면 걱정만 할 것이 아니라, 해결할 구체적인 플랜을 짜라. 플랜을 짜는 동안 두려움은 점점 가시고, 플랜이 완성되면 완전히 사라진다. 중요한 시험이 있는데 망칠 것 같은 예감이 든다면, 좋은 성적을 거둘 수 있게끔 계획표를 짜라. 매일 계획을 하나씩 완성해 나아가다 보면 두려움은 사라지고 자신감이 붙는다. 사업이 망할 것 같다면 회생 방법을 찾아봐라. 걱정하는 시간에 팔 걷어붙이고 해결책을 찾아보면 의외의 곳에서 해결책을 발견할 수도 있다.

나의 뇌는 그 누구보다도 훌륭한 조언자다. 그러나 안타깝게도 뇌의 속성을 알고, 뇌를 제대로 사용하는 사람은 그리 많지 않다.

뇌는 질문의 내용에 어울리는 답을 찾는다. 막연한 질문을 던지면 막연하게 대답하지만, 현실적인 질문을 던지면 현실적인 조언과 함께 현명한 해결책을 찾아서 제시한다.

자존감이 낮은 사람은 자신이 한 말은 물론이고, 자신이 내린 판단조차 잘 믿지 못하는 경향이 있다. '나'에 대한 신뢰가 절대적으로 부족하기 때문이다.

자동차 왕 헨리 포드는 유명한 말을 남겼다.

"당신이 할 수 있다고 믿든 할 수 없다고 믿든, 믿는 대로 될 것이다."

나 자신을 믿어라! 험난한 세상을 살아가면서 나조차도 믿지 못한다면 도대체 누구를 믿을 수 있겠는가?

나에 대한 신뢰가 커지면 커질수록 자존감도 높아지고, 세상살이도 한결 수월해진다.

내가 지워버리면
실수는 아무도 기억하지 않는다

"세상에! 내가 잠깐 미쳤었나 봐. 어떻게 그런 실수를……."

살다 보면 마치 뭐에 홀린 것만 같은 실수를 저지를 때가 있다. 부끄럽고 창피한 마음에 이불킥을 하며 괴로워하지만 좀처럼 지워지지 않는다.

자존감이 높은 사람들은 자신에 대한 책망보다는 실수를 통해서 무언가를 배운다. 그런 다음 이내 잊어버린다. 반면, 자존감이 낮은 사람들은 실수에 집착한다. 그 일로 인해 다른 사람들이 자신을 비난하거나 업신 여길까 봐 걱정한다.

앨버트 하버드는 "당신이 저지를 수 있는 가장 큰 실수는, 실수를 할까 봐 두려워하는 것이다"라고 했다.

실수에 집착하면 제 실력을 발휘하지 못해, 또 다른 실수를 범하게 된다. 실수를 통해서 배울 게 있으면 배우고, 잊어버리는 게 좋다.

이미 저지른 실수는 감정적으로 대처할 게 아니라 이성적으로 대처해야 한다. 실수에 집착하고 있는 나 자신을 먼저 설득할 필요가 있다.

우리는 슈퍼맨이 아니다. 이미 벌어진 일을 되돌릴 능력은 없다. 그렇다면 어떻게 대처하는 것이 최선일까?

예를 들어서, 당신이 아끼는 손수건이 있는데 모닥불을 쬐다가 실수로 불 속에 떨어뜨렸다고 가정해보자. 이때 어떻게 대처하겠는가? '아쉽지만 어쩔 수 없지' 하고 체념하겠는가, 계속 아쉬움을 토로하며 모닥불이 멀쩡한 손수건을 토해내기를 기다리겠는가?

실수란 이미 타버린 손수건 같은 것이다. 뒤늦게 후회해봤자 아무 소용없다. 이미 끝난 일이다. 시간의 강물과 함께 떠내려간 일이고, 모든 것을 삼키는 시간의 불길 속에서 소멸해버린 사건이다.

이성적으로는 잊고 싶은데 뇌 한쪽에 굴 껍데기처럼 달라붙어 자꾸만 생각난다면 소리 내서 말하라.

"이미 흘러간 일인데 이제 와서 뭘 어쩌겠어? 잊고, 다시 시작하자!"

과거에 집착하면 현재를 놓친다. 진 게임을 리셋하듯 잊어버리고, 새로운 순간들을 맞이하라.

실수는 실수일 뿐이다. 물론 그렇지 않은 실수도 더러 있지만 대부분의 실수는 다른 사람이 했다면 피식 웃고 넘어갈 정도로 대수롭지 않다. 사건 당사자만 문제를 심각하게 받아들일 뿐이다.

인간의 뇌는 이기적이다. 자신의 일에만 몰두하다 보니 타인의 일에는 무심하다. 나 말고는 아무도 그 일에 신경 쓰지 않는다. 계속 끌어안은 채 전전긍긍하고 있는 실수도 사실 실체가 없는 허상 같은 것에 불과할 뿐이다.

　사람들이 실수를 감추는 이유는 실수가 자신의 일부라고 착각하기 때문이다. 마치 자신의 부끄러운 곳을 공개하는 기분이 들기 때문에 최대한 감추려고 한다.
　실수를 한시라도 빨리 잊고, 거기서 벗어나고 싶다면 실수를 인정하자. 실수한 사람에게 찾아가서 충분히 사과하고 사람들 앞에서 실수담을 떠벌리다 보면, 비로소 실수를 객관적으로 바라볼 여유가 생긴다.
　만약 비슷한 실수를 반복하거나 빈번하게 각종 실수를 한다면 실수를 체계적으로 관리할 필요가 있다. 실수 노트를 만들어서 상세하게 기록하다 보면 실수로 들어가는 문을 발견할 수 있다. 그 문을 기억해 두었다가 비슷한 상황이 펼쳐지면 재빨리 인식하고, 그곳에서 빠져나오면 된다.

예를 들어서 회계 업무를 보는데 점심시간 이후에 유독 실수가 잦다면, 식곤증으로 머릿속이 몽롱해질 때 자리에서 벌떡 일어나 찬바람을 쐬고 와라. 음주 시 말이 많아지면서 말실수를 자주 한다면, 말이 갑자기 많아졌을 때 재빨리 인식하고 술 마시는 속도를 늦춰라.

실수가 나의 자존감을 떨어뜨릴 수는 없다. 실수에 집착하지 마라. 타인이 아닌 내가 한 실수라서 엄청난 일 같지만, 실수란 그저 모래알처럼 수많은 실수 중의 하나일 뿐이다.

불행을 관찰할 때
진정한 불행이 시작된다

"아, 복도 지지리 없지! 신은 왜 나에게 이런 시련을 주신 걸까?"

작정하고 도전했던 일이 좌절되거나, 오랫동안 공들였던 일이 실패로 끝나거나, 뜻하지 않은 사고를 당하면 누구나 낙담하게 마련이다. 머릿속은 터질 듯 복잡해지고, 그 모든 책임이 나의 잘못 때문인 것만 같아서 괴롭다.

실패보다 더 무서운 것은 자책감과 함께 밀려드는 죄책감이다. 혼자 있어도 괴롭고 사람을 만나도 괴롭다. 누가 뭐라고 한 것도 아닌데 환청처럼 사람들의 목소리가 들려온다.

잘난 체하더니 꼴좋다!

네가 하는 짓이 그렇지. 난 네놈이 실패할 줄 진작 알아봤다!

쯧쯧! 아직 한창인데 인생 종쳤네. 대체 저 몸으로 뭘 할 수 있겠어?

자존감이 낮으면 대인기피증에 걸리기 십상이다. 세상 사람 모두가 손가락질하고 조롱하는 것만 같은 착각에 사로잡힌다.

사업을 벌였다 다섯 번이나 실패한 친구가 있다. 위로라도 해줄 겸 전화했더니 집으로 오란다. 현관문을 열고 들어서니 뜻밖에도 고기 냄새가 진동했다. 가족들은 모두 나가고 혼자서 고기를 굽고 있었다.

"밥이나 한 끼 사줄까 했더니 혼자서도 잘 챙겨먹네!"

"내 몸 내가 챙겨야지, 매번 돈만 까먹는 사람을 누가 챙겨주겠어?"

표정은 굳어 있었지만 눈빛만은 여전히 형형했다. 조만간 재기할 것 같은 예감이 들었다.

이후 친구는 한동안 직장생활을 하다가 식당을 열었다. 처음에는 고전했는데, 그동안 내공이 쌓였는지 시간이 흐를수록 점점 자리를 잡아갔다.

불행한 일이 벌어지면 안팎으로 수세에 몰려 기가 한풀 꺾이게 마련이다. 하지만 그럴 때일수록 뻔뻔해질 필요가 있다.

"뭐 그럴 수도 있지!" 하고 대범히 넘어가는 게 정신 건강에도 좋다. 연구 결과에 의하면 거액의 복권에 당첨된 사람이나 사고로 인해 반신불수가 된 사람이나, 1년쯤 지나면 예전의 행복지수를 회복하는 것으로 나타났다.

인간의 행불행은 상황이 결정하는 것이 아니라, 그 상황을 어떻게 받아들이느냐에 의해서 결정된다.

불행이 찾아오면 처음에는 나의 모든 신경이 그쪽으로만 집중되어 세상에서 가장 불행한 사람이 된 듯한 기분에 사로잡힌다. 그러다 점차 시간이 흘러 마음에 여유가 생기면 지진, 화산 폭발, 테러, 전쟁 등 지구촌 곳곳에서 일어나는 수많은 재해가 눈에 들어온다. 타인의 불행을 통해서 불행은 누구에게나 찾아올 수 있음을 깨닫게 되고, 비로소 불행을 현실로 받아들인다.

"그래, 비싼 수업료를 치불한 셈 치자."

인간의 뇌는 어떤 상황에서도 적응하게끔 구조화되어 있다. 아직 인생이 끝난 것이 아니기 때문에 깨끗이 인정하면 마음도 편해진다.

17세기 프랑스 작가인 프랑수아 드 라로슈푸코는 "현명한 사람은 큰 불행도 작게 처리하는 반면, 어리석은 사람은 작은 불행도 현미경으로 확대하여 큰 불행으로 만든다"라고 했다.

지금 내가 힘든 까닭은 그 사건 때문이 아니라, 불행을 현미경으로 들여다보며 그 안에 갇혀 있기 때문이다.

모든 일이
뜻대로 흘러가지 않아도 웃어라

'누군지 몰라도 참 못생겼다. 팔다리는 짧고 배만 볼록 튀어나온 게 완전 개구리네! 하느님도 무심하시지!'

'야, 완전 잘생겼다! 대체 뉘 집 자식이야? 배우 하면 성공하겠네!'

거울이 놓여 있으면 그냥 지나치는 사람은 많지 않다. 슬쩍 쳐다보든, 자세히 들여다보든 거울 속 나의 모습을 보게 마련이다.

거울은 인간의 심리에 여러 작용을 한다. 엘리베이터 안에 거울을 설치하면 좁은 공간을 확장시키는 효과가 있다. 또한 거울 속의 나를 바라볼 수 있어 심리적 안정감을 느끼게 해주고, 지루함을 달래준다.

거울을 들여다보는 사람들의 표정은 참으로 다양하다. 어떤 사람은 인상을 잔뜩 찡그린 채 바라보다가 시선을 돌리고, 어떤 사람은 타인을 바라보듯 담담하게 마주 보고, 어떤 사람은 미소를 지은 채 흐뭇하게 자신과 마주한다.

타인은 나의 겉모습만 보지만 내가 거울을 볼 때는 단지 나의 겉모습만 바라보지 않는다. 나의 외모는 물론이고, 성격이나 심성을 같이 보기도 하고, 지난 일이나 다가올 일들을 함께 보기도 한다.

자존감이 낮은 사람은 총체적인 자신의 모습 중에서 약점에 눈길을 준다. 생김새 중 마음에 안 드는 그 부분만 집중적으로 바라보기도 하고, 자신이 했던 지난 행동을 연상하며 눈살을 찌푸리기도 하고, 미래에 대한 부정적인 생각을 떠올리며 스스로를 못마땅하게 바라본다.

반면 자존감이 높은 사람은 강점에 눈길을 준다. 생김새 중 가장 마음에 드는 곳을 바라보거나, 전체적인 성격까지 고려해서 거울 속 자신을 근사하게 평가하고, 잘못된 지난 일들은 이제 그만 잊어버리라고 속삭여주고, 근심 걱정이 있으면 잘 해결할 수 있을 거라고 다독이며 바라본다.

소수이기는 하지만 거울을 외면하는 사람들도 있다. 최근에 불행한 일을 겪으면서 자존감이 몹시 상하면 거울 속 자신에게 눈을 맞추지 않는다. 심리적으로 불안정한 상태에서 자신의 모습을 본다는 것은 커다란 고통이기 때문이다.

나에 대해서 나만큼 아는 사람은 이 세상에 없다. 자존감이 낮다면 외모에도 각별히 신경 쓸 필요가 있다. 샤워를 자주 하고, 항상 깨끗한 속옷을 입고, 남들 앞에 나서도 스스로 부끄럽지 않을 정도로 말끔하게 차려입는 게 좋다.

외모란 내가 생각하기 나름이다. 멋있다고 생각하면 멋있게 보이고, 볼품없다고 생각하면 볼품없어 보인다. 타인들의 생각도 크게 다르지 않다. 나 스스로 멋있다 생각하면 멋있게 봐주고, 볼품없다 생각하면 볼품없는 사람으로 여긴다.

거울만 잘 이용해도 자존감을 높여 행복한 인생을 살아갈 수 있다. 언제 어디서든 거울 속의 자신과 눈이 마주치면 가장 매력적인 미소를 지어라.

"참 멋있게 생겼다!"

주변에 사람이 없다면 한바탕 소리 내어 웃어도 좋다.

웃을 일이 없다면 더더욱 거울 앞에서 웃는 습관을 들여야 한다. '고독'이라는 시로 유명한 미국의 여류시인 엘라 휠러 윌콕스는 이렇게 말했다.

"인생이 노래처럼 잘 흘러갈 때는 명랑한 사람이 되기 쉽다. 그러나 진짜 가치 있는 사람은 웃는 이다. 모든 것이 잘 안 흘러갈 때도 웃는 사람 말이다."

거울 속의 나를 사랑하라. 내가 가장 듣고 싶은 말을 들려줘라. 나 스스로 흉보면 타인도 나를 흉보게 되고, 나 스스로 사랑하면 타인도 나를 사랑하게 된다.

꿈을 떠벌리면 나와의 약속이 된다

K의 친척 중에는 유독 전문직에 종사하는 이가 많다. 치과의사가 제일 많고 소수지만 변호사, 검사도 있다. 명절에 친척들이 모이면 그중에서 누군가가 아이들에게 물어보곤 했다.

"넌 나중에 커서 뭐가 되고 싶니?"

다른 아이들은 기다렸다는 듯이 대답했지만 K는 마땅히 할 말이 없었다. 주방에서 거실의 대화에 신경을 곤두세우고 있을 엄마의 마음을 모르는 바는 아니지만 K는 열한 살이 되면서부터는 이렇게 대답했다.

"어른이요."

"어른은 나이 먹으면 누구나 되는 거고…… 꿈 없어?"

"없어요!"

K는 외교관이 되고 싶다고 무심코 말했다가 3개 외국어를 배워야 했던 끔찍한 지난날을 떠올리며 재빨리 말했다.

"꿈이 없다고? 그 나이에 꿈이 없으면 어떡하니?"

친척들은 별종 보듯이 쳐다봤지만 K는 속이 후련했다.

타인이 강요하는 꿈이 아닌 스스로 제대로 된 꿈을 처음으로 꾼 것은 대학교 2학년 때였다. 우연히 단편영화제 출품작을 준비하던 친구를 도와주다가 영화의 매력에 푹 빠졌다.

"엄마, 나 영화감독할래!"

K가 마침내 결심하고 말하자, 엄마는 깜짝 놀랐다.

"경영학도가 무슨 영화감독이야? 너 혹시 전과할 생각이니?"

"아니! 영화감독이 되려면 이것저것 챙길 게 많대. 경영학도 공부해 놓으면 괜찮을 거 같아. 엄마, 나 죽도록 노력해서 정말 훌륭한 영화감독이 될 거야!"

K는 만나는 사람들마다 영화감독이 꿈이라고 말했다. 경영학을 공부하면서 틈틈이 단편영화를 찍었고, 좋은 소재가 떠오르면 며칠씩 도서관에 처박혀서 시나리오를 썼다. 대학을 졸업하자마자 그는 좀 더 깊이 있게 영화를 공부하기 위해 뉴욕으로 유학을 떠났다.

목표를 세웠으면 일단 목표를 주변에 알리는 게 좋다. 자신의 꿈을 공표하고 나면 자존감도 높아진다. 또한 '떠벌림 효과(Profess Effect)'도 있어서, 말에 책임을 느껴 더욱더 노력하게 된다.

〈부당거래〉, 〈베테랑〉 등의 작품으로 급부상한 류승완 감독도 일찍부터 감독이 되고 싶다고, 주변에 자신의 꿈을 떠벌렸다. 그는 공사판에서 막노동도 하고, 군고구마 장사도 하면서 영화 제작에 필요한 자금을 모았다. 그리고 인맥을 쌓기 위해 독립영화 워크숍에도 꾸준히

참가했다.

  영화 제작법을 배우려고 박찬욱 감독을 찾아가 제자로 받아달라 간청했고, 그 밑에서 연출가로 일하며 영화 제작에 필요한 지식을 차곡차곡 쌓아갔다. 제작비를 줄이기 위해 영화를 찍고 남은 필름을 모아서 독립영화를 찍었고, 출연료를 아끼고자 동생 류승범을 주연으로 기용하는 등 영화감독이 되기 위하여 최선을 다했다.

  류 감독은 중학교 때 부모님을 잃고 영세민으로 지정되어 정부에서 지급해주는 쌀로 생계를 연명할 정도로 환경이 열악했다. 그러나 그는 영화감독이라는 목표를 세웠고, 그 꿈을 향해서 거침없이 달렸다.

  비록 재산도, 학벌도, 인맥도, 지식도 부족했지만 그렇다고 자존감마저 낮은 건 아니었다. 주변 사람들에게 도움을 요청할 줄 알았고, 거절해도 크게 낙담하지 않았으며, 도움을 주면 감사하는 마음으로 받아들였다.
  인간은 자신의 말에 책임을 느끼는 존재다. 꿈, 목표를 이루고자 한다면 감추지 말고 공개하라. 떠벌리다 보면 자존감도 한층 높아지고, 주변의 도움을 받을 기회도 생긴다. 그러면 꿈을 멋지게 현실화할 수 있다.

성공에 대한 기대감이 성공을 이룬다

"나는 꼭 성공할 것 같아!"

행동의 전제 조건은 생각이다. 인간의 뇌는 무엇을 상상하든 그 순간, 그것을 미리 맛볼 줄 안다.

부자가 되고 싶다면 부자처럼 행동하고, 행복해지고 싶다면 행복한 사람처럼 행동하고, 성공하고 싶다면 성공한 사람처럼 행동해야 한다. 부자를 상상하면 경제적인 여유를, 행복한 사람을 상상하면 삶의 기쁨을, 성공한 사람을 상상하면 성취감을 맛볼 수 있다.

성공을 예감하면 자존감이 높아진다. 이미 성공한 사람이 된 것만 같은 기분이 들기 때문이다. 반드시 세속적인 성공이 아니라도 좋다. 나는 어차피 성공한 인생을 살아갈 사람 아닌가?

높은 자존감은 성공의 필수 요소다. 자존감이 낮은 사람은 타인에게 도움을 청하지도 못하고, 누가 도움을 주려 해도 감사히 받지 못한다.

모두 성공을 꿈꾸고 성공하는 방법 또한 잘 알지만 실천하는 사람은 극소수다. 우리는 주변에서 누군가가 성공하면 몹시 부러워한다. 자극을 받아 분발의 계기로 삼는 사람도 있지만 대개는 성공을 타고났거나 운이 좋았기 때문으로 여긴다.《이솝 이야기》에 등장하는 여우의 신포도처럼, 나 자신의 무능과 게으름을 인정하지 않기 위한 일종의 방어기제라 할 수 있다.

인간은 누구나 내면에 성공 인자를 갖고 태어난다. 성공하기 위해서는 마치 식물을 키우듯 성공 인자를 잘 관리해야 한다.

어떤 분야든 성공하기까지의 과정은 비슷하다. 먼저 내가 간절히 원하는 것이 무엇인지를 깨닫고, 정확한 목표를 세우고, 반복적인 훈련과 학습을 통해서 꾸준히 앞으로 나아가야 한다.

내가 간절히 원하는 것을 찾았고 목표를 세웠다면, 성공을 예감하며 반복적인 훈련과 학습을 할 차례다. 성공을 예감하다 보면 확신이 되고, 확신은 점차 현실이 되어서 나의 삶 속으로 스며들게 된다. 마치 계란이 부화해서 병아리가 되고 닭이 되는 것처럼, 성공 예감은 확신으로 변해서 마침내 성공에 이른다.

성공한 나의 모습을 상상하며 성공을 예감하라. 머릿속으로만 하는 것보다는 소리 내서 "나는 꼭 성공할 것 같아!" 하고 말하는 게 좋다. 반드시 목소리에는 성공에 대한 확신이 차 있어야 한다.

만약 왠지 모르게 자신이 없고 내가 하는 말이 빈말처럼 느껴져서 성공 예감이 들지 않는다면, 성공할 수밖에 없는 근거를 찾아서 그 앞에 붙이는 게 좋다.

"난 정말 부지런해! 그러니 꼭 성공할 거야."

"난 창의력이 풍부해! 그래서 꼭 성공할 거야."

"난 재능도 있고, 그 누구보다 열심히 하고 있어. 꼭 성공할 수밖에 없어!"

훗날 성공할 것을 의심하지 마라. 성공을 예감하고, 내 안의 성공 인자가 무럭무럭 자라고 있음을 믿어라. 믿음이 강할수록 자존감도 상승한다.

농구 황제 마이클 조던은 "위대한 일들을 이루기 전에 스스로에게 위대한 일들을 기대해야 한다"라고 말했다.

그는 자신의 성공을 예감했고, 위대한 인물이 될 것을 기대했고, 멋지게 성공했다. 이제 당신 차례다!

성취감을 맛보려면 일단 시작해라

"요즘 요가를 배우기 시작했거든. 두 달 전부터 일주일에 세 번씩 강습을 받아왔는데, 몸이 새털처럼 가벼워."

"한 달 전부터 드럼을 배우고 있어. 고등학교 때 내 꿈이 드러머였잖아. 더 나이 먹기 전에 배워서, 아마추어 밴드 활동이라도 한번 해보려고."

"삼 년 안에 인문학 서적 천 권 읽기에 도전했어. 그래서 틈만 나면 책을 읽지. 처음에는 정말 활자가 눈에 안 들어오더라. 내가 왜 이런 걸 하고 있나 회의감도 들었는데, 요즘은 집중력이 높아지면서 책 읽기가 즐거워."

자존감을 높이는 방법 중 하나는 새로운 일에 도전하는 것이다. 인간은 항상 미래를 생각하며 살아가기 때문에 무의적으로라도 침체되어 있다는 생각이 들면 자존감이 낮아진다. 새로운 일을 벌이기 좋아하고, 도전을 즐기는 사람이 활기 있게 살아가는 까닭은 자존감이 높기 때문이다.

인생을 즐겁게 사는 비결 중 하나가 끊임없이 자랑거리를 만드는 것이다. 평소 해보고 싶은 것이 있다면 주저하지 말고 도전하라. 작은 것들을 성취해 나아가다 보면 자신감과 함께 자존감도 높아지고, 삶이 즐거워진다.

고등학교 수학 교사인 L은 부신암 판정을 받은 뒤 우울증에 걸렸다. 휴직계를 내고 신장 절제 수술을 받았지만 울적한 기분은 좀처럼 가시지 않았다. 치료차 병원 갈 때 외에는 집에서 꼼짝하지 않자 아내가 산책하자며 손을 잡아끌었다. 아내와 함께 하천변 산책로를 걷다가 우연히 조깅 중인 지인을 만났다.

"나도 재작년에 방광암 수술을 받았는데 마라톤을 시작한 뒤부터 많이 호전됐어. 봄에 동아마라톤에서 네 시간 이십 분 안에 달리는 게 목표야."

지인과 헤어진 L은 문득 자신의 삶을 돌아보았다.

'그래, 역경 없는 인생이 어디 있겠는가. 아이들에게 더 이상 연약한 모습을 보여서는 안 돼! 나도 새로운 도전거리를 찾아보자!'

L은 등산광인 친구의 도움을 받아 빙벽 타기에 도전했다. 아이젠을 부착한 등산화를 신고 빙폭에 피켈을 박아가며 빙벽을 오를 때 느끼는 짜릿함은 삶의 활력을 되찾기에 충분했다.

겨울이 끝나자 자존감도 완전히 회복되었고, 머릿속을 무겁게 짓누르던 우울증에서도 점차 벗어날 수 있었다.

L은 봄이 되자 클라이밍으로 옮겨 갔다. 평일에는 인공암장에서 암

벽타기를 즐기고, 주말에는 산에서 암벽 타기를 한다.

새로운 목표가 생기면 뇌는 긴장하게 마련이다. 단순히 생각에만 그치면 뇌는 예전 상태로 돌아가지만 꾸준히 실천해가면 목표와 관련된 뇌세포들이 생성된다. 뇌세포가 서서히 자리 잡고 나면 목표를 향해 나아가는 과정이 한결 수월해진다.

뇌는 나이를 먹을수록 보수적인 성향이 강해진다. 경험이 많다 보니 어지간한 일로는 자극을 받지 않기 때문이다. 뇌가 일상에 길들여지면 정신적으로든 육체적으로든 편리하긴 하지만 점차 침체에 빠지게 된다.

즐거운 인생을 살고 싶다면 세상보다 한 걸음 앞서간다는 마인드로 도전을 즐겨야 한다. 새로운 일에 자신을 기꺼이 던질 줄 아는 사람은 나이 먹을 틈이 없어서, 원래 나이보다 젊게 살아간다.

이탈리아의 소설가이자 시인인 체사레 파베세는 "세상의 유일한 기쁨은 새롭게 시작하는 것이다"라고 했다.

인생이 즐거워지면 자존감 또한 높아진다. 주저하지 말고 새로운 일에 뛰어들어라. 그것처럼 신나고, 설레고, 기쁜 일이 또 어디 있겠는가.

성공하는 습관을 길러라

"오늘도 잘했어! 새벽에 일어나 남편 도시락도 싸줬고, 요리 강습도 빼먹지 않았고, 청소랑 빨래도 다 했어. 영어 공부도 한 시간 했고, 하루에 세 개씩 읽기로 했던 신문 사설은 한 개밖에 못 읽었고, 다이어트를 위해 고칼로리 음식은 자제하기로 했지만 오늘은 엄마가 찾아오는 바람에 어쩔 수 없었어. 비록 완벽하게 약속을 지키지 못했지만 이 정도면 아주 훌륭해!"

K는 대학을 졸업하고 사수를 했지만 취업에 실패했다. 그러다 지인의 소개로 좋은 사람을 만나 결혼했다.

결혼생활은 대체로 만족스러웠다. 그러나 경제적인 부담을 남편에게만 지게 한 것 같아서 마음이 불편했다. 맞벌이가 대세이다 보니 부부 동반 모임에 나가도 자격지심 때문인지 앉은자리가 가시방석이었다.

K는 결혼 후에도 일자리를 계속 찾아다녔다. 그러나 번번이 면접에서 떨어졌다. 자존감이 바닥으로 떨어져서 우울증에 걸릴 지경이었다. 주변에서 좋은 의도로 한 말에도 마음의 상처를 입었다. 그러자 남편은 취업보다 자존감 회복이 급선무라며, 일일 목표를 세워서 실천해보라고 했다. 가급적 일일 목표를 실천하려고 노력하되, 실패하더라도 자책하거나 스스로에게 실망하지는 말라며!

남편의 조언대로 K는 일일 목표를 세우고 실천해갔다. 6개월쯤 지나자 웃음도 늘고 자존감도 되살아났다. 그녀는 열심히 면접을 보러 다녔고, 자신의 강점을 당당하게 어필해서 식품 회사 영업 사원으로 입사하였다.

자존감이 낮은 사람들의 특징 중 하나는 자신감 부족이다. 자신의 힘으로 무언가를 이뤄본 경험이 적기 때문에 난관에 부딪히면 습관처럼 패배를 예감한다.

자존감을 회복하고 싶다면 성취감을 맛볼 필요가 있다. 첫술에 배부를 수는 없는 법이다. 비록 사소한 일일지라도 내 손으로 이뤄내면, 자기 신뢰와 함께 나도 해낼 수 있다는 자신감이 샘솟는다.

베스트셀러 작가인 토니 로빈스는 이렇게 말한다.

"성공한 사람에겐 모멘텀이 있다. 성공할수록 더 성공하려 하고, 성공할 방법을 더 많이 찾아낸다. 마찬가지로 실패를 거듭할수록 자기 충족적 예언이 될 수도 있는 하강 경향이 생긴다."

성공이나 실패는 외부에서 불쑥 찾아오는 게 아니다. 내 안에 있는 성공에 대한 확신 또는 실패할 것 같은 짙은 예감이 자석처럼 그것들을 빨아들이는 것이다.

자존감이 낮아서 한없이 무기력하고, 나 자신이 도대체 뭘 할 수 있을지 의심스럽다면 실천 가능한 작은 목표를 설정하라. '방 청소 하기'나 '공원 한 바퀴 돌기'처럼 몸집이 작은 것들을 사냥감으로 삼아라.

그것들을 하나둘 해치우다 보면 자신감도 붙고, 왠지 좋은 일이 생길 것 같은 예감 또한 든다. 그런데 더 놀라운 것은 그 예감이 어느 날 갑자기 현실이 되어서 내 앞에 나타난다는 것이다.

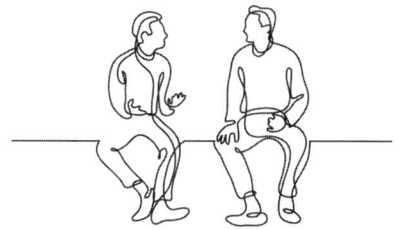

남의 멋진 삶과 비교하지 마라

"죽어라 공부해서 명문대 나와봤자 직장 노예이고, 잘 풀려봤자 하급 관리인 전문직이야. 조물주 위에 건물주라고, 아버지 잘 만나서 건물 하나 물려받은 사람이 이번 생의 승자야!"

비록 시골이었지만 어렸을 때는 수재 소리를 듣고 자란 T가 15년간 서울에서 살며 내린 결론이다.

서울 소재의 명문대에 진학할 때만 해도 T의 자존감은 하늘을 찌를 듯했다. 변변한 과외 한번 받지 못했지만 장학금까지 받고 입학했다. 고생은 모두 끝났고 앞으로 남은 인생은 꽃길만 걷겠구나, 싶어서 뿌듯했다.

그러나 기쁨도 잠시였다. 고등학교 때까지는 부자는 아니어도 가난하다고 생각해본 적이 없었다. 그런데 대학에 오니 온 가족의 한 달 생활비를 용돈으로 쓰는 친구들이 적지 않았다. 시골에서 보내주는 용돈으로는 감당이 안 돼서 아르바이트를 할 수밖에 없었다.

졸업하고 남들이 부러워하는 공기업에 취직했다. 적잖은 월급인데도 생활은 좀처럼 나아질 기미가 없었다. 월세 내고, 생활비 중 일부를 부모님께 송금하고 나면 저축할 돈은 얼마 되지 않았다. 결혼 적령기는 나오는데 이래서야 설혼이나 할 수 있을지 석성될 정도였다.

대학 동창들은 수시로 SNS에 자신의 일상을 올렸다. 유럽 여행 가서 바닷가를 배경으로 찍은 사진, 먹음직스러운 고급 음식, 헬스클럽에서 운동으로 만든 멋진 몸매, 고급 저택과 명품 가구, 외제 승용차, 화려한 파티 장면들이 실시간으로 올라왔다.

'나는 살아가고 있는 건가, 삶의 모욕을 견디고 있는 건가?'

SNS를 들여다보고 있으면 자신의 삶이 한심했다. 어떤 때는 울적해서 일할 의욕마저도 생기지 않았다. 그렇다고 해서 SNS를 안 할 수도 없는 노릇이었다.

T처럼 SNS로 인해 자존감이 낮아진 사람이 적지 않다. 제4차 산업혁명 시대의 특징 중 하나는 정보 공유다. 웬만한 정보는 인터넷으로 검색하면 찾을 수 있다.

예전에는 위화감 조성이나 과소비를 우려하는 사회 분위기를 고려해서 재산이나 소비 행태는 감추는 분위기였다. 그러나 요즘에는 개인 재산은 물론이고 사생활까지 오픈했고, 소비마저 능력의 일부로 간주되면서 아예 대놓고 자랑한다.

비교는 인간의 마음을 흔들어놓고 갈등을 불러온다. 《탈무드》에도 '우리가 항상 어떤 것이나 어떤 사람과 비교하는 것이 갈등의 가장 큰 원인이다'라고 했다.

행복한 삶을 살고 싶다면 비교를 멈춰야 한다. 내가 아무리 탁월하다 할지라도 세상에는 나보다 나은 사람이 존재할 수밖에 없다. SNS에 의사인 친구가 연봉을 공개해도, 고급 승용차를 타고 동료가 출근해도, 젊은 건물주를 만나도 의연해질 필요가 있다.

그럴 때면 이렇게 말하라.

"그들의 삶이야. 나는 내 삶을 살 거야!"

세상에 완벽한 사람은 없다. 겉으로는 행복해 보여도 속을 들여다보면 저마다 자기만의 고민이 있다.

타인을 경쟁 대상으로 삼지 말고 나 자신을 대상으로 삼아라. 어제보다 멋진 나, 목표를 향해 한 발 더 나아가는 내가 되고자 노력하라. 그렇게 살아가다 보면 자존감도 높아지고, 타인과 나를 비교하는 나쁜 습관도 사라질 것이다.

{ 원하는 것을 당당하게 말해라

"왜 그 자리에서 말 안 했어?"

"네가 그 사람 성격을 몰라서 그래! 내가 한마디하면 백 마디를 한다니까! 긁어 부스럼이야. 차라리 내가 그냥 아무 말도 안 하는 게 백배 나아."

"그래, 잘했다! 그럼 깨끗이 잊어버려."

"잊을 수 있다면야 이미 잊었지. 그때 못 한 말들이 계속 머릿속에서 반복되는데 미치겠어!"

"그럴 바에는 차라리 말하지 그랬어?"

"내가 말했잖아? 내가 한마디하면 백 마디를 한다고."

대화할 때는 상대가 누구라도 나의 의견을 주장할 필요가 있다. '나의 의견' 또한 나처럼 사랑받고 존중받을 권리가 있기 때문이다.

L의 부모님은 명문대 의대 출신이다. 아버지는 대학교수 겸 종합병

원 의사이고, 어머니는 소아과 의사이다. L은 어려서부터 공부를 제법 잘했다. 선생님에게는 칭찬도 받고 친구들의 부러움도 샀지만 정작 집에서는 칭찬을 듣지 못했다. 형과 누나가 온갖 상을 휩쓴 데다, 성적 또한 워낙 뛰어나다 보니 부모님의 눈높이가 높았기 때문이다.

부모님의 주관이 뚜렷하고 목소리가 크다 보니 L의 의견은 묵살되기 일쑤였다. 말해봤자 아무 소용없다는 걸 깨달은 후로 L은 꼭 해야 할 말이 있어도 속으로 중얼거리다가 삼키곤 했다. 그로 인해 낮은 자존감은 한층 낮아졌고, 울적한 청소년기를 보내야 했다.

형과 누나는 당연히 명문대 의대에 들어갔다. L 또한 수능 점수가 잘 나오기는 했지만 의대에 지원할 성적은 아니었다. 부모는 당연한 수순

이라는 듯 재수를 권했다. 마음 굳게 먹고 재도전하면 반드시 의대에 갈 수 있을 거라면서!

'내가 해낼 수 있을까?'

어려서부터 자신의 능력 한계를 절감해온 L은 혼자서 고민하다가 부모님 몰래 전자공학과에 원서를 썼다. 합격증을 프린트해서 보여주자 부모님은 의대를 가라고 강권했다. 그는 태어나서 처음으로 부모님 말에 반박했다.

"꼭 의사가 되어야만 행복한 삶을 사는 건 아니라고 봐요. 저는 훌륭한 엔지니어가 되고 싶어요."

한 번도 자신의 의견을 제대로 말해본 적 없던 L은 고개를 꼿꼿이 들고 또박또박 말했다. 당황한 부모님은 거듭 재수를 권했지만 L이 고집을 꺾지 않자, 결국 네 인생이니까 네가 결정하라며 물러섰다.

난생처음으로 자신의 의견을 관철시킨 L은 자존감을 조금이나마 회복할 수 있었다. 또한 그날 이후로 자신 또한 소중한 사람이라는 인식을 갖게 되었다. 대학생활 중 독서와 사색을 통해 '나'에 대한 통찰력을 키운 그는 부모 형제들에 대한 오랜 열등감으로부터 서서히 벗어날 수 있었다.

행복한 삶을 살고 싶다면 당당하게 자신의 의견을 밝힐 필요가 있다. 결과가 뻔히 보이더라도 일단 의견을 말하는 것과 속으로만 투덜대는 것은 많은 차이가 있다. 하고 싶은 말을 못 하게 되면 '나'라는 존재감은 점점 작아질 수밖에 없다.

20세기 대표 지성인으로《행복의 정복》을 쓴 버트런드 러셀은 "행복은 같은 취미와 같은 의견을 가진 사람들과의 교제를 통해 축적된다"라고 말했다.

 매번 나의 의견이 묵살될까 싶어서 혹은 충돌이 두려워서 의견을 아예 감춘다면 행복이 들어설 자리가 없다. 상대방의 의견을 경청한 뒤 나의 의견을 밝히고, 서로 양보하고 조율해서 합일점을 찾아가야 한다. 그렇게 할 때, 비로소 행복은 우리를 향해 미소 짓는다.

 오랜 세월 의견을 제시하지 않고 수동적으로 살아왔다면 사소한 것에서부터 의견을 펼쳐라. 누군가가 점심 뭐 먹을 거냐고 물으면 "아무거나"라고 말하지 마라. 어떤 영화를 보고 싶으냐고 물으면 "아무거나 좋아"라고 대답하지 마라.

 다소 귀찮더라도 내가 진정으로 원하는 것을 찾아서 말하다 보면 낮아진 자존감도 점점 높아지고, 살아가는 데에서 의견이 얼마나 중요한지를 깨닫게 된다.

칭찬은 최고의 선물이니 감사하게 받아라

"욕을 먹든가 모함을 받으면 기뻐하라. 칭찬을 받으면 조심하라."

개혁가이기도 했던 소설가 톨스토이의 명언에서도 짐작할 수 있듯이 칭찬의 중요성은 근래에 와서 부각되었다. 그전에는 칭찬을 받으면 바보처럼 무작정 좋아하기보다는 경계하라는 분위기가 지배적이었다.

칭찬은 긍정적인 영향을 미쳐서 자존감을 높여준다. 그러나 과도한 칭찬은 오히려 내적 동기나 자율성을 약화시켜 자존감을 낮추는 결과를 낳기도 한다.

칭찬할 때 요령이 있듯이 칭찬받을 때도 요령이 있다. 지나치게 겸손을 떨거나 부정하지 말고, 그저 마음을 활짝 열고 기쁜 마음으로 받아들이면 된다.

한국 사회는 칭찬에 유독 인색하다. 어른들은 아이에게 칭찬해주면 마음속에 교만이 싹틀까 봐 칭찬할 일이 있어도 일부러 칭찬하지 않왔다. 나 역시 어렸을 때부터 이러저런 부모님의 일을 도왔지만 꾸중을 듣지 않으면, '내가 그럭저럭 한 모양이구나'라고 짐작하곤 했다.

사실, 칭찬은 내가 먼저 나에게 해야 하는 것이다. 나에 대해서 가장 잘 아는 사람은 나 자신이기 때문이다. 타인의 칭찬은 기분 좋은 확인에 불과하다. 마치 합격 사실을 알고서 기뻐하고 있는데 주변 사람들이 와서 "축하해!" 하고 말하는 것과도 같다.

멋지게 차려입고 거울 앞에 서서 나를 보았을 때, '참 멋있다!'라는 생각을 할 줄 아는 사람이라면 밖에 나가서 칭찬을 받아도 당황하지 않는다.

"좋게 봐주셔서 감사합니다!"

나 역시 이미 알고 있는 사항이기 때문에 즐거운 마음으로 대답할 수 있다.

반면 거울 속의 내가 마음에 안 드는데 칭찬을 받게 되면, '어? 그럴 리가……'라는 생각 때문에 당황한다.

칭찬을 받았을 때 마음을 활짝 열고, 자연스럽게 받아들이는 것 또한 능력이다. 그것은 나 자신을 사랑하고, 나의 외모나 능력을 이미 인정하고 있다는 의미다.

인간은 남녀노소, 지위 고하를 막론하고 누구나 칭찬을 갈망한다. 그러나 정작 칭찬을 받으면 대다수가 당황한다.

"아휴, 그런 말씀 마세요! 제가 뭘 잘난 것이 있다고 그러세요. 남이 들으면 우세스러우니까 두 번 다시 그런 말씀 마세요!"

"바빠서 사흘 동안 머리 한번 못 감았어요. 가뜩이나 찜찜해하고 있는데 그런 말씀하시면 실례죠."

"무슨 말도 안 되는 말씀을…… 저보다는 선생님이 훨씬 더 잘생기고 멋지시네요."

자존감이 낮은 데다 칭찬받는 요령을 모르다 보면 분위기를 오히려 어색하게 만든다. 마음속에 나 자신에 대한 사랑과 자부심이 있다면 미리를 사흘 못 감은 게 무슨 대수인가. 기껏 칭찬해줬는데 사신과 비교하는 건 또 무슨 심보란 말인가.

'좋은 날씨'가 신의 선물이라면 '칭찬'은 인간의 선물이다. 신이 화창한 날씨를 줬다고 해서, 어찌해야 좋을지 몰라서 안절부절못한다면 얼마나 웃긴 일인가. 칭찬 또한 마찬가지다. 칭찬을 받으면 자연스럽게 "좋게 봐주셔서 감사합니다!" 하고 마음으로 받아들이자.

우리는 모두 칭찬받을 자격을 갖고 태어났다.

욕망을 줄이면 인생이 즐겁다

"죄송합니다! 제가 좀 더 신경을 썼으면 더 잘할 수 있었는데 아쉽습니다. 저에게 실망이 크시겠지만 다시 한 번 기회를 주신다면 반드시 더 좋은 결과를 내겠습니다."

팀장이 검토한 P 대리의 프로젝트 기획안은 기대 이상이었다. 물론 몇 개의 오탈자가 나왔지만 시간과 공을 들인 흔적을 곳곳에서 발견할 수 있었다. 그러나 P 대리는 팀장의 칭찬에도 불구하고 오탈자를 발견하지 못한 점을 자책했다.

완벽을 추구하는 사람은 자존감이 낮고 우울증에 걸리기 쉽다. 목표가 지나치게 높다 보니 자신이 한 일에 대해서 만족하지 못하기 때문이다. 매 순간 실수를 두려워하는 데다 결과가 기대에 미치지 못하면 좌절하거나 자책감에 빠진다.

날씨를 나의 의지대로 바꿀 수 없듯이 세상일 또한 내 뜻대로 완벽히 움직일 수 없다. 내가 통제할 수 있는 것은 오로지 나 자신의 감정 뿐이다. 물론 많은 사람이 그마저도 힘겨워하지만 세상일을 바꾸기보다는 나의 감정을 제어하는 쪽이 훨씬 쉽고 효율적이다.

완벽을 추구하면 추구할수록 자존감은 낮아진다. 최선을 다하되, 결과에 대해서는 겸허히 받아들일 필요가 있다. 비록 결과가 좋지 않을지라도 그 과정에서 잘한 점이 있다면 스스로를 칭찬하고, 잘못한 점이 있다면 차후에 같은 잘못을 반복하지 않도록 반성하고 기억해두면 된다. 이런 마인드로 일을 해나가면 '나는 날이 갈수록 발전하고 있다!'는 기분이 들기 때문에 높은 자존감을 유지할 수 있다.

책임감이 지나치게 투철한 사람도 상황이 자기 뜻대로 흘러가지 않으면 자책감에 빠진다. 세상일이란 나의 의지로 되는 일도 있지만 안 되는 일도 있다. 최선을 다했는데 결과가 안 좋다면 겸허히 받아들이자.

그리스 철학가 플라톤의 '다섯 가지 행복론'은 진정한 행복이 무엇인지 돌아보게 한다.

먹고살 수준에서 조금 부족한 듯한 재산, 모든 사람이 칭찬하기에 약간 부족한 용모, 자신이 자만하는 것에서 사람들이 절반 정도밖에 알아주지 않는 명예, 겨루어서 한 사람에게 이기고 두 사람에게 질 정도의 체력, 연설을 듣고서 청중의 절반은 손뼉을 치지 않는 말솜씨!

인간의 욕망은 끝이 없다. 아흔아홉 마리의 양을 지닌 사람이 한 마리 양밖에 없는 친구를 찾아가서, "내가 밤새 진지하게 고민해봤는데 자네 양을 내게 주면 난 딱 백 마리가 되네. 그 양을 내게 줄 수 없는가?" 하고 부탁하는 게 인간의 욕망이다.

로마제국의 정치가이자 사상가이며 네로 황제의 스승이기도 했던 세네카는 "만약 누군가를 행복하게 해주고 싶다면 그 사람의 소유물을 늘려주지 말고, 욕망의 양을 줄여주어야 한다"라고 말했다.

타고난 욕망은 어찌할 수 없지만 조금만 노력하면 욕망의 양을 조절할 수 있다.

높은 자존감을 갖고 행복하게 살아가고 싶다면 '괜찮아 마인드'를 지닐 필요가 있다. 결과가 좋게 나온다면 웃으면서 "이 정도면 괜찮아"하고 기꺼이 받아들이고, 상황이 뜻대로 흘러가지 않아도 가볍게 고개를 끄덕이면서 "이 정도면 괜찮아"하고 받아들이자. 그러면 불행이 개입할 여지가 없어진다.

사실 세상일이란 어느 쪽 관점에서 보느냐에 따라 평가가 확 달라진다. 결과를 바꿀 수 없다면 관점이라도 바꾸자. 그래야 용기와 자신감을 잃지 않고 다음을 기약할 수 있다.

속도를 줄이면 인생이 보인다

증권사에 다니던 Y의 남편이 퇴사하고 편의점을 시작한 것은 5년 전이었다. 처음에는 부부가 교대로 편의점을 운영했다. 그런데 예상했던 만큼 수익이 나지 않자, 남편은 1년 만에 편의점을 Y에게 떠넘기고 계약직으로 증권사에 입사했다.

Y는 그 뒤로 늘 시간에 쫓겼다. 하루는 몸도 아프고 기분도 울적해서, 수다나 떨 겸 친구에게 전화를 걸었다.

"아무리 생각해도 난 노비로 태어난 게 분명해! 새벽 여섯 시에 기상해서 음식 만들어 남편하고 애들 먹여 보내면 여덟 시. 후닥닥 밥 먹고 대충 씻은 뒤 편의점으로 달려가면 아홉 시. 알바생 보내고 남편이 퇴근할 때까지 일하다 보면 저녁 일곱 시 반. 집에 가서 아이들 식사 챙겨주고, 서둘러 밥 먹고 설거지하고 청소하고 빨래한 뒤 편의점으로 달려가면 열 시 반. 남편하고 교대해서 자정까지 편의점 청소하다가

알바생 오면 귀가. 집에 와서 씻는 둥 마는 둥 하고 쓰러져 잠들면 새벽 한 시. 이게 노비가 아니면 대체 뭐냐?"

"쯧쯧! 너 혼자 그렇게 희생하며 살다 죽으면 남편이나 아이들이 알아줄 것 같아? 자기 인생은 자기가 챙겨야 하는 거야! 돈의 노예가 되어서 아등바등 살지 말고, 네가 원하는 인생을 한번 살아봐!"

친구와 통화 중에 Y는 문득, 깨달았다.

'그래, 인생의 주인은 난데 노비 노릇만 하다 죽을 수는 없지! 더도 말고 하루에 한 시간만 오로지 나를 위해 사용하자. 그까짓 돈 몇 푼 못 번다고 해서 굶어 죽기야 하겠어?'

Y는 아르바이트생과 협의해서 아침 아홉 시까지 편의점에 가는 시간을 열 시로 조정했다. 한 시간 동안 뭘 할까를 고민하던 그녀는 오랜

콤플렉스인 살을 빼기로 작정했다.

매일 50분 남짓 인근 공원에서 숨이 턱에 차오를 정도로 빠르게 걸었다. 6개월 남짓 햇볕을 쬐며 '파워 워킹'을 하자, 군살이 빠지면서 건강도 좋아졌고 우울증도 사라졌다. 그녀는 탄력 있는 몸매를 만들기 위해서 헬스클럽에 등록해 다시 1년 남짓 다녔다.

주변에서 깜짝 놀랄 정도로 다이어트에 성공하자 바닥을 쳤던 자존감이 살아났다. 그녀는 이번에는 주말을 이용해서 영어학원에 다니기 시작했다. 돈을 차곡차곡 모아 소녀 시절 꼭 가보고 싶었던 뉴욕으로 여행을 떠나기 위해서였다.

고작 하루에 한 시간, 자신을 위해서 사용했을 뿐이다. 그런데 Y의 삶이 180도로 바뀌었다. 집안일은 물론이고, 아이들 학원비 때문에 마지못해 했던 편의점 일도 즐거워졌다. 바닥을 기던 자존감도 완전히 회복해서 발길 끊었던 동창회에도 나갔다.

일해서 돈을 버는 근본적인 이유는 행복해지기 위해서다. 하지만 아이러니하게도 돈에 집착하면 할수록 행복한 삶과는 점점 멀어진다. 일하는 시간이 늘어나면서 개인 시간이 사라지기 때문이다.

일과 휴식은 반대의 개념이라기보다는 큰 카테고리 안에서 하나로 보아야 한다. 잘 쉬어야만 다시 일에 집중할 수 있는 에너지를 얻기 때문이다.

하루 스물네 시간이 부족할 정도로 바쁘더라도, 한 시간쯤은 온전히 나만을 위해서 사용할 필요가 있다. 좁게 보면 그 시간에 일을 못해서 손해지만 넓게 보면 얻는 게 훨씬 많다. 더 오래 일할 수 있을뿐더러 궁극의 목표인 행복한 삶에 좀 더 다가갈 수 있다.

"지금부터 난 자유야!"

시간을 확보했으면 그 자유를 스스로에게 선포하라. 그래야만 뇌를 환기시켜서 일에 대한 생각으로부터 잠시나마 벗어날 수 있다.

그렇다면 자유 시간은 어떻게 사용하는 것이 효율적일까?

Y처럼 약점을 커버하기 위해 사용해도 좋고, 장점을 더 계발하기 위해 사용해도 좋다. 운동이나 취미 활동을 해도 좋고, 요가나 명상을 해도 좋고, 평소에 배우고 싶었던 악기를 배워도 좋다. 그림을 그리거나 글을 써도 좋고, 손재주를 발휘해 무언가를 만들어도 좋다. 세상사가 귀찮다면 잠을 푹 자거나 한 시간 동안 멍을 때려도 좋다.

미국의 희극배우 겸 가수인 에디 켄터는 "속도를 줄이고 인생을 즐겨라. 너무 빨리 가다 보면 놓치는 것은 주위 경관뿐이 아니라, 어디로 왜 가는지도 모르게 된다"라고 경고했다.

물론 돈벌이도 중요하고, 대인관계도 중요하다. 하지만 그보다 더 중요한 것은 인생의 주인인 나를 가꾸고 돌보는 일이다. 만약 내가 없다면 돈은 어떻게 벌고, 대인관계는 어떻게 할 수 있겠는가.

{ 잘못은 감추지 말고 인정해라

"지금 우리가 찬밥, 더운밥 가릴 때야! 이번 분기도 적자라는 걸 빤히 알면서, 회사까지 찾아온 고객을 돌려보내? 지금 중요한 것은 회사 이미지가 아니라 생존이라고, 생존! 회사가 살아남아야 나도 살고 자네도 사는 거야. 도대체 정신이 있는 거야, 없는 거야?"

K 대리는 화장품 회사 영업부에 근무한다. 외근 나갔다가 돌아오니 사무실이 시끌벅적했다. 잔뜩 성난 부장이 부하 직원 R을 세워놓고 입에 거품을 물고 있었다.

중국을 오가는 보따리상들이 찾아온 건 이틀 전이었다. R이 면담을 하고는 터무니없는 마진율을 요구하는데 어떻게 하느냐고 직속 상사인 K에게 물었다. 평소에 소매상에 불과한 따이공에게 휘둘리는 데 거부감을 갖고 있던 K는 돌려보내라고 지시했다. 그런데 부장이 뒤늦게 그 사실을 안 것이다.

책임은 전적으로 K에게 있었다. 그러나 차마 진실을 밝힐 용기가 나지 않았다. 가뜩이나 부장에게 찍혔는데, 또다시 찍히면 승진은커녕 대리점으로 좌천되기 십상이었다.

K는 R이 전후 사정을 밝힐까 봐 조마조마한 심정으로 지켜보았다. 다행히 R은 잠자코 꾸중을 들었고, 결국 시말서를 써 내는 것으로 마무리됐다.

며칠 지나자 그 일도 잊혔다. 부장도 더 이상 문제 삼지 않았고, R도 그 일을 입에 올리지 않았다. 그러나 K의 자존감은 날이 갈수록 추락했다. 거울 속의 자신을 볼 때마다 욕이 치밀었고, R을 볼 때마다 그 일이 떠올라서 괴로웠다.

'책임은 다하지 않고 권리만 누리려는 쓰레기 같은 자식! 그러고도 네가 상사냐?'

K는 시간을 되돌릴 수만 있다면 그날로 돌아가서, 모두 내 잘못이라며 진실을 밝히고 싶었다. 그러나 이미 엎질러진 물이었다.

사회생활을 하다 보면 명백하게 내 잘못임에도 타인에게 책임을 전가하거나, 나 대신 누군가 누명을 뒤집어쓰는 장면을 빤히 보면서도 침묵하고 싶은 유혹을 느낄 때가 있다.

자존감이 낮은 사람일수록 유혹에 쉽게 빠진다. 하지만 자존감이 높은 사람은 용기를 내서 진실을 밝힌다.

"제가 그랬습니다. 그 친구는 아무 잘못도 없습니다. 단순히 제 지시를 이행했을 뿐입니다. 죄송합니다!"

물론 잘못을 인정하고 진실을 밝히면 여러 불이익을 당할 수 있다.

그럼에도 얻는 게 더 많다. 진실을 밝히면 나 자신에게 당당할 수 있고, 나아가 세상 앞에 당당할 수 있기 때문이다.

침묵하거나 책임을 회피할 경우 K처럼 자신에 대한 실망감과 더불어 자괴감에 빠져들게 된다. 뇌는 불안정한 상태에서 벗어나고자 자기 합리화를 꾀하게 마련이고, 실망감이나 자괴감에서 벗어나기 위해 무책임하거나 이기적인 나 자신을 받아들인다.

'그래, 나 같은 놈이 하는 짓이 그렇지, 뭐. 나 같은 쓰레기한테 뭘 기대해?'

가뜩이나 낮은 자존감은 그로 인해 더 낮아진다.

인간은 신이 아니다. 언제든지 잘못을 저지를 수 있고, 내 생각이 틀릴 수도 있음을 인정해야 한다. 그래야만 잘못을 개선하고 발전할 수 있다.

18세기 독일의 물리학자인 게오르크 리히텐베르크는 "오래가는 행복은 정직한 것에서만 발견할 수 있다"라고 했다.

정직은 순간적인 불이익을 당할지라도 결국 마음을 평화롭게 한다. 그 일은 결국 자부심으로 남고, 시간이 지날수록 빛을 발한다. 이렇게 축적된 자부심은 인생 전반을 스스로 평가하는 데에서 중요한 요소가 된다.

행복한 삶을 살고 싶다면 책임을 전가해서는 안 된다. 그 일이 어떤 얼굴을 하고 찾아오든 그것은 내 몫의 인생이다. 책임을 회피하면 하나를 얻고 아홉을 잃지만 책임지면 하나를 잃고 아홉을 얻는다.

때론
기분을 솔직하게 표현해라

 "뭐, 걔가 부지런한 데다 착하기까지 해? 차라리 놀부더러 착하다고 해! 집에서는 어떤 줄 알아? 자기 손으로 방 청소는 물론이고 설거지 한 번 안 해. 사람의 탈을 쓴 짐승이지!"

 명절 때가 되면 S의 어머니는 친척들 앞에서 S의 흉을 보았다. 물론 술자리를 흥겹게 하기 위한 농담이 섞였다는 걸 알지만 그때마다 S의 자존감은 추락했다.

 자존감이 낮은 사람 주변에는 자존감을 갉아먹는 존재가 있게 마련이다. 몇 해 전, 취업·아르바이트 전문 포털 사이트에서 대학생 735명을 대상으로 실시한 '주변에 자존감 도둑이 있는가?'라는 설문조사에 83퍼센트가 '있다'고 대답했다. 그중 엄마(14.1%)가 1위를 차지했고, 동기(13.9%), 알바 사장님·동료(11.0%), 선후배(10.6%), 아빠(9.5%), 형제·자매(9.4%) 순으로 나타났다.

자존감에 상처를 주는 말 1위에는 "네가 하는 일이 다 그렇지 뭐"(14.9%)가 뽑혔고, "살부터 빼고" 등 외모를 비하하는 말(13.6%), "아무개 좀 봐라" 등과 같은 비교 발언(13.4%), "생각 좀 하고 말해"(11.8%), "그냥 그건 아닌 것 같아"(10.9%), "잘 안 될 것 같은데"(10.9%) 등과 같은 무시 발언 순이었다.

그밖에 자존감에 상처를 주는 말에는 "넌 다 좋은데 그게 문제야", "나나 되니까 너랑 이러고 있지", "장점이라고는 눈 씻고 찾아보려 해도 없네", "누구 닮아 그러니", "뭐가 되려고 그러니" 등이 있었다.

자존감 도둑은 나와 가깝고 허물없다는 이유, 혹은 상대적 지위를 이용해서 아무 거리낌 없이 자존감에 상처를 낸다. 나의 기분 따위는 조금도 헤아리지 않는다. 그들은 칭찬에는 인색하고 비난만 장황하게 늘어놓는다는 공통점이 있다.

자존감 도둑 1위가 엄마라는 사실에서도 알 수 있듯, 가까운 사람이 하는 말일수록 자존감에 상처를 준다. 모르는 사람이 하는 말은 부정할 수 있지만 가까운 사람의 말은 어느 정도 사실이기 때문에 부정하기조차 어렵다.

그러나 그것은 엄격한 의미에서 진실이 아니다. 자신의 이상적인 세계관과 자신의 감정, 자신이 처한 현실이라는 렌즈를 통해서 나를 들여다본 뒤 평가하고 흉보는 것이므로 객관적이라기보다는 주관적인 평가에 가깝다.

이러한 평가에 대학생들이 대처 방법 1위로 꼽은 '한 귀로 듣고 한 귀로 흘려보내기'도 물론 좋은 방법이다. 그러나 시간이 지나도 그 말이 잊히지 않고 자존감에 상처를 낸다면 단호하게 브레이크를 걸어줄 필요가 있다.

"엄마, 나는 그때 정말 쥐구멍이라도 찾고 싶은 비참한 심정이었어요. 제가 다른 사람 앞에서 엄마를 흉본다면 엄마는 기분이 좋겠어요? 물론 저한테 여러 단점이 있다는 건 인정해요. 하지만 장점도 있잖아요! 그런 자리에서는 단점보다는 장점을 말해주는 게 가족 아닌가요? 앞으로는 다른 사람들 앞에서 그런 식으로 말하지 않았으면 해요."

상습적으로 자존감을 갉아먹고 두 번 다시 안 봐도 상관없는 사람이라면 멀리하는 것도 하나의 방법이다. 그러나 가족이나 앞으로도 오랜 세월 얼굴을 봐야 하는 사이라면 '그 일로 인한 나의 기분'을 정확히 전달할 필요가 있다.

세계적인 패션 아이콘인 가브리엘 보뇌르 샤넬은 "가장 용감한 행동은 자신을 위해 생각하고, 그것을 큰 소리로 외치는 것이다"라고 했다.

침묵하고, 눈감아주고, 이해하려 노력하고, 외면하는 것만이 최선은 아니다. 도둑이 들어왔을 때 못 본 체하거나 달아나버린다면 주인이 아니다. 진짜 주인이라면 소리를 쳐서 쫓아내든지 맞서 싸운다.

나의 행복, 나의 자존감을 위해서 자존감 도둑과 맞서 싸워라. 대인관계의 목적은 이익을 위해서다. 나의 자존감조차 지키지 못한다면 대인관계를 하는 의미가 없다.

{ 선한 영향력을 발휘해라

"미소가 백합보다 더 예쁘세요. 여기 보고 조금만 더 활짝 웃으세요!"

K의 말에 빠진 어금니를 가리려고 안간힘을 쓰던 팔십대 노인이 마지못해 입술을 벌렸다. 한층 자연스러운 표정이 나왔다. 그 틈을 놓치지 않고 K는 재빨리 카메라 셔터를 눌렀다.

약사라는 직업에 나름대로 자부심을 갖고 있었던 K의 자존감이 무너져 내린 건 3년 전이었다.

K는 소아과가 입주해 있는 건물 1층에서 약국을 운영했다. 10년 가까이 같은 장소에서 함께 영업을 해서 소아과 원장과는 친형제처럼 지내는 사이였다. 감기 환자가 많은 환절기에는 밤늦은 시간까지 약국을 열었고, 일요일에 오기로 한 환자 때문에 잠시 병원 문을 열었다고 하면, 집안 행사도 불참하고 약국을 열었다.

그러던 어느 날, 갑자기 소아과 원장이 K와는 한마디 상의도 없이

도로 건너편으로 병원을 이전했다. 뒤늦게 그 사실을 알고 나자 배신감이 밀려들었다.

'당신 눈에는 내가 지렁이처럼 보인다는 거지? 짓밟아버려도 아무 상관없는……'

아침마다 출근해서 건너편 병원을 올려다볼 때마다 속이 부글부글 끓었다. 화병에 걸려 며칠째 잠도 못 자고 뒤척이자, 보다 못한 아내가 그를 무료 급식소로 데려갔다. 아내가 소속된 봉사단체에서 어려운 이웃들에게 음식을 나눠주다 보니, 비로소 '내가 먹고 쌀 줄밖에 모르는 그렇게 무가치한 버러지는 아니구나!' 하는 생각이 들었다.

좀 더 가치 있고 보람된 일은 없을까, 고민하던 그가 시작한 것이 '재능기부'였다. 대학 다닐 때부터 사진에 관심이 많았던 그는 마을 복지회관을 돌아다니며 노인들을 상대로 영정사진을 찍어주었다. 검버섯과 주름 등을 지우고 액자에 넣어서 갖다주면, 족히 10년은 젊어 보인다면서 무척이나 좋아했다.

1년쯤 지나자 자존감이 완전히 회복되었다. K는 병원장을 찾아갔고, 술 한잔하면서 솔직한 심정을 털어놓았다. 소아과 원장은 너무 자기 생각만 했다며 진심으로 사과했다. 죽을 때까지 용서하지 못할 줄 알았는데 미안해하는 그를 보자 가슴속에 맺혀 있던 응어리가 풀렸다. 술집을 나설 때는 '사는 게 다 그런 거지!'라는 생각마저 들었다.

자존감을 높이고 싶다면 자원봉사를 하는 것도 하나의 방법이다. 자원봉사를 하면 공감 능력이 향상되고, 자신감이 붙고, 사회적 책임을 다하고 있다는 자부심을 갖게 된다. 그리고 나에 대한 충족감으로 자존감이 높아지면서 삶의 보람을 느끼게 된다.

벨기에 겐트대학교 연구원들이 자원봉사 및 취업과 건강에 대해 4만 명 이상을 대상으로 벌인 조사 결과를 보더라도, 자원봉사를 하는 사람은 하지 않는 사람보다 소득수준이 높으며, 그로 인한 선순환 구조 때문에 5년 정도 더 젊은 것으로 나타났다.

이들의 연구 결과에 의하면 자원봉사 활동과 건강 사이에는 세 가지 연관성이 있다.

첫째, 높은 자존감이다. 자신도 쓸모 있다는 심리적 안정감 덕분에 사회생활을 좀 더 쉽게 한다.

둘째, 신체 활동과 인지적 활동의 증가다. 활발한 육체와 정신 활동은 노년에 신체 기능이 떨어지는 것을 막을뿐더러 치매에 걸리는 속도를 늦춘다.

셋째, 면역력 증가다. 자원봉사를 하면 스트레스와 염증을 조절하는 옥시토신(oxytocin)과 프로제스테론(progesterone) 호르몬이 분비되어, 신체를 한층 건강하게 유지할 수 있다.

봉사와 관련된 흥미로운 중국 속담이 있다.

'만약 당신이 한 시간의 행복을 원한다면 낮잠을 자라. 만약 당신이 하루의 행복을 원한다면 낚시를 가라. 만약 당신이 일 년의 행복을 원한다면 재산을 물려받아라. 만약 당신이 평생의 행복을 원한다면 다른 사람을 도와라.'

봉사는 살아가는 순수한 즐거움을 안겨준다. 인간은 기본적으로 나만 아는 이기적인 동물이다. 하지만 마음먹기에 따라 이타적인 삶을 살 수도 있다는 깨달음은 인생 전반에 대한 시각을 완전히 바꿔놓는다. 내가 타인을 돕는 일임에도 불구하고, 주는 것에 비해서 터무니없이 많이 받는 것이 바로 봉사다.

스케줄이 꽉 차서 도무지 봉사할 시간이 없다면 기부를 하는 것도 하나의 방법이다. 기부 역시 자존감을 높여주며, 봉사와 비슷한 순기능이 있다.

도우며 살아라. 그것이야말로 내가 인생을 잘 살고 있다는 유일한 증거다.

Chapter 2

이렇게 말하면 내 편도 적이 된다

"
무심코 내뱉은 말이 상대방의 가슴속에
수십 년 동안 화살처럼 꽂혀 있다.

_ 롱펠로

"

직설적으로 말하지 마라

대화의 목적은 나의 이익을 위해서다.

말을 잘하면 유명 정치인이 될 수도 있고, 재벌 사위가 될 수도 있고, 인기 절정의 코미디언이 될 수도 있다. 그러나 말 한마디 잘못했다가는 온갖 재앙을 똥물처럼 뒤집어써야 한다.

말할 때는 항상 상대방의 입장을 고려해야 한다. 소통하는 대화를 하려면 눈치도 있어야 하고, 배려할 줄도 알아야 한다.

말실수는 대개 이성보다 감정이 앞설 때 빚어진다. 흥분해서 내 입장만 강조하다 보면, 상대방의 기분을 고려하지 않고 아무 말이나 불쑥 내뱉게 된다.

"넌 참 속편해서 좋겠다! 나도 너처럼 아무 생각 없이 따박따박 월급이나 받아먹고 살았으면 소원이 없겠다."

"당신이 뭘 안다고 끼어들어? 이 일은 여자가 개입할 일이 아냐!"

"김 대리와 입사 동기라면서 여태 뭘 배운 거야?"

이런 말들은 감정 과잉으로 인한 배설물에 가깝다. 이익을 안겨주기보다는 대개 분란과 논쟁을 불러온다.

'아, 저런 사람이었구나!'

그동안 아무리 처신을 잘했다 하더라도, 필요 이상으로 험악한 말을 내뱉으면 인품 자체를 의심하게 된다.

원래 똥이나 칼은 피하고 보는 게 인간의 본능이다. 직접적으로 피해 보지 않았다 할지라도 언제 피해를 볼지 모르기 때문에 멀리하게 된다.

인간은 저마다 처한 환경과 상황이 다르다. 그 자체를 인정하고 존중해야 한다. 감정이 격앙되었다고 해서 내 입장만 생각하다 보면, 대책 없이 자존심을 자극하는 말을 내뱉게 된다. 겉보기에는 비교이지만 엄밀히 따지면 무시요, 비난이다.

직설적으로 표현하면 이런 뜻이다.

'넌 월급충이야!'

'멍청한 여자 주제에 뭘 안다고 끼어들어?'

'김 대리보다도 못난 놈!'

물론 말하는 사람은 이런 의도까지는 아니었을 수도 있다. 답답한 심정을 주체하지 못하다 보니 불쑥 내뱉은 말일 수 있다. 그러나 듣는 사람은 그렇지 않다. 지금 이 사람이 나에게 무슨 뜻이 담긴 말을 했는지 확대 해석한다. 방어기제가 발동되고, 상대방을 적으로 분류한다.

설령 잠결이라 할지라도 비교라는 명목하에 상대방을 무시하는 말을 던져서는 안 된다. 인간은 자존심을 지닌 동물이라서 무시나 비난은 오래도록 잊지 못한다.

타인의 자존심을 짓밟는 말을 예사로 던지는 이는 자존감이 낮은 사람이다. 자기 자신이 얼마나 귀한 존재인지 모르기 때문에 상대방도 같은 취급을 하는 것이다.

영국의 비평가이자 수필가인 윌리엄 해즐릿은 "자기 자신을 싸구려 취급하는 사람은 타인에게도 싸구려 취급을 받을 것이다"라고 경고했다.

말에도 적정 온도가 있다. 자존감이 높은 사람들은 대화할 때 적정 온도를 벗어나지 않는다. 지나치게 차가운 말은 분위기를 순식간에 얼려버리고, 지나치게 뜨거운 말은 무르익은 분위기를 녹여버린다.

말에는 그 사람의 인생관, 철학, 사상 등이 담겨 있다. 내뱉는 순간 허공에서 사라져버린다고 해서, 아무 말이나 뱉어서는 안 된다. 말은 흔적 없이 사라져도, 인간의 기억은 그 말을 오래도록 붙잡고 놓아주지 않는다.

'말이란 토끼처럼 부드러울수록 좋다'라는 티베트 속담이 있다. 부드러운 말은 부드러운 생각에서 나온다.

소통하는 대화를 하고 싶다면 평소에 생각이 거칠어지는 것을 경계해야 한다.

소통하는 대화는 자존감에서부터 시작된다. 나 자신이 소중한 존재임을 자각하고 있어야 한다. 나 자신만 소중하고 다른 사람은 안중에도 없다면 그건 자존감이 높은 것이 아니라 자만심이 높은 것이다.

자존심이란 인간에게 '역린'과도 같은 것이다. 아무리 화가 나서 견디기 힘든 상황일지라도 자존심은 결코 건드리지 마라.

돌려서 비방하지 마라

세상에는 척하는 사람들이 너무 많다. 나를 위한다는 명분하에 슬며시 다가와 관심 있는 척, 생각해주는 척, 걱정해주는 척 말을 건넨다.

"인스타그램에 올려놓은 사진 봤어. 카메라는 참 좋던데 구도가 영 아니더라. 사진의 생명은 구도야. 내가 요즘 디지털 사진학 강좌를 듣고 있거든."

"진행 중인 프로젝트 김 대리에게 넘겨. 지금은 야박하게 들리겠지만 다 널 아껴서 그런 거야. 길게 보자고, 길게!"

"너 취업 삼수지? 이제 어떡하니? 고스펙 능력자들이 해마다 쌓여서 갈수록 취업이 어려워진다던데……."

그들은 정말 나를 위하는 걸까?

사실은 자기과시에 불과하다. 진심은 그 안에 눈곱만큼 들어 있고, 자신의 능력을 떠벌리기 위해서, 혹은 자신의 이익을 위해서, 상대방의 불행을 통해 위안을 얻기 위해서다.

'-척'이 아니라 진심으로 상대방이 잘되기를 바라는 사람이라면 섣불리 지적하기 전에 상대의 입장에서 충분히 공감한다. 그런 다음 감정이 상하지 않게끔 조심스럽게 자신의 생각을 털어놓는다.

'-척'은 자존감 낮은 사람들의 공통점이다. 자존감이 낮기 때문에 상대방보다 우위를 점함으로써, 잠시라도 마음의 위안을 얻으려고 하는 것이다.

자존감 낮은 사람들이 자주 쓰는 대화술 가운데 하나가 자기과시다. 자부심이 없기 때문에 권력, 돈, 재물 등을 자신과 동일시해서 드러내놓고 자랑한다.

SNS에도 자기과시를 하는 부류가 점점 늘고 있다. 물론 그들은 딱히 존경받지 못한다. 자기 철학이 부족한 데다, 가진 자의 권리는 행사하면서 가진 자의 의무는 다하지 않기 때문이다.

또한 그들 중에는 '-척'하는 사람도 상당수다. 현실에서는 아무도 관심을 가져주지 않으니까 SNS에서라도 관심받으려고 거짓 사진과 글을 올린다. 거리에 세워놓은 외제차 옆에서 찍은 사진을 자신의 차인 양 버젓이 올리는 건 예사다. 심지어 남의 집에 몰래 침입해서 찍은 사진을 올리기도 하고, 강도질로 강탈한 돈을 마치 자신의 돈인 양 버젓이 올렸다가 수갑을 차기도 한다.

세상이 복잡다단해지고, 기술도 난해해지면서 전문가와 일반인의 지식 차이도 벌어졌다. 새로운 기술과 용어가 쏟아지자, 여기저기서 주위들은 어설픈 지식으로 전문가인 척하는 사람도 늘고 있다. 이것 또한 자기과시인데, 도덕적 경계선을 넘어서면 사기꾼으로 전락하게 된다.

자기과시나 '-척'은 뿌리 깊은 열등감을 극복하기 위한 방편으로, 잃어버린 나의 정체성을 내부가 아닌 외부에서 찾으려다 보니 생긴 현상이다.

대화술의 기본은 진심이다. 진심으로 대해야만 신뢰를 쌓을 수 있고, 궁극적으로 내가 원하는 것을 얻을 수 있다.

영국의 시인 필립 제임스 베일리는 "모든 거짓 중에서 으뜸으로 나쁜 것은 자기 자신을 속이는 일이다"라고 했다.

상대를 위하는 척하거나 과시하지 마라. 다른 사람은 몰라도 나 자신은 알고 있다. 세상 사람 모두를 속여도 마음속 공허함은 결코 채워지지 않는다는 것을!

상대방과 사이가 좋지 않거나, 어떤 이유가 있어서 진심이 동하지 않는다면 차라리 침묵하라! 진실하지 못한 사람보다는 과묵한 사람이 낫다.

{ 지나친 과시는 반감을 부른다

야생동물들은 천적을 만났을 때 자신을 과시하는 전략을 쓴다. 목주머니도마뱀은 체구가 커 보이도록 입을 벌려 턱밑의 주머니를 크게 부풀린다. 톰슨가젤은 건강미를 과시하기 위해서 폴짝폴짝 점프함으로써 사냥 의지를 꺾고, 타조는 날개를 활짝 펴고 요란한 소리를 내며 접근함으로써 상대의 공격 의지를 봉쇄한다.

인간의 잘난 척 또한 생존전략의 하나다. 원시 시대부터 훌륭한 사냥꾼 무리에 끼려면 자신의 사냥 솜씨를 과시해야 했고, 좋은 배우자를 얻기 위해서는 재산과 건강미를 과시해야 했고, 왕의 총애를 받기 위해서는 자신의 능력을 과시해야만 했다.

인간의 과시는 상대방에게 인정받고 싶어 하는 욕구에서부터 비롯된다. 인정을 받아야만 생존에 유리한 기회를 얻을 수 있기 때문이다.

그러나 집단을 이루어 생활하면서부터는 너나없이 경쟁적으로 '잘난 척'전략을 사용하다 보니, '잘난 인간'이 아닌, 말만 앞세운 '잘난 척하는 인간'이 속출했다. '빈 수레가 요란하다', '벼는 익을수록 고개를 숙인다' 같은 속담이 등장한 것도 이와 무관하지 않다.

"다 내 덕인 줄 알아! 자네를 승진시켜야 한다고 내가 강력하게 추천했거든."

"이건 아주 고급 정보인데 너니까 내가 특별히 말해줄게."

"지금은 내가 이래도 예전에는 커피숍을 세 개나 갖고 있었다고."

오늘날 잘난 척은 전략으로서의 가치가 현저히 떨어져서 오히려 역효과를 낳는다. 면접관 앞에서 잘난 척하다 입사시험에서 고배를 마시기도 하고, 선보는 자리에서 잘난 척하다 오히려 차이기도 한다. 회사에서도 잘난 척하다가는 '꼰대'나 '아재'로 전락하기 십상이다.

잘난 척은 생존을 위한 인간의 본능에 가깝다. 남자는 마음에 드는 여자 앞에서 자신의 건강미를 과시하기 위해 과식하고, 여자는 매력을 과시하기 위해 과도한 웃음을 흘린다.

적당한 과시는 심리를 자극해 호감을 사기도 하지만 지나친 과시는 경계할 필요가 있다. 그리스 로마 신화에 보면 헤라클레스 이전의 가장 용맹한 전사였던 벨레로폰은 페가수스를 타고 천계에 오르려다 제우스의 노여움으로 추락해서, 두 눈이 멀고 절름발이가 된다. 인간이 자기과시를 스스로 제어하지 못하면 결국 추락하게 된다는 사실을 상징적으로 보여준 이야기다.

지나친 과시는 대화의 품격을 떨어뜨린다. 송곳은 주머니 속에 있어도 언젠가는 모습을 드러내게 마련이고, 학은 굳이 울지 않고 닭 무리 속에 숨어 있어도 자연히 알아보게 마련이다.

소통하는 대화를 하려면 과시보다는 겸손을 앞세워야 한다. 김수환 추기경이나 법정 스님이 만인의 존경을 받았던 이유는 겉모습을 치장하기보다는 내면을 치장하는 데 힘썼기 때문이다.

겸손이란 나의 가치를 저평가하는 것이 아니라, 왜곡하거나 과대 포장하지 않는 지혜이자 처신이다.

누군가에게 인정받아서 생존에 유리한 기회를 잡고 싶다면 잘난 척보다는 독서를 하라. 몸에 뿌린 향수는 이내 사라지지만 내면의 향기는 오래가는 법이다.

자극적인 말은 내뱉지 마라

　한국은 '프로 막말러'들의 천국이다. 경기 악화에다 저성장 시대로 돌입하면서 경쟁은 치열해진 반면 업무는 늘어났다. 저마다 쌓인 스트레스와 분노를 스스로 다스리지 못하다 보니 생긴 사회 현상이다.

　상대방은 어떻게 생각하든 일단 자신의 분노부터 폭발시킨다. 그 말이 가져올 파장은 아예 생각조차 하지 않는다. 게임으로 치자면 될 대로 되라는 식이다.

　"일을 그따위로 할 바에는 당장 그만둬!"

　"그래? 그렇다면 거래처를 옮길 수밖에!"

　"나도 더 이상은 못 참아! 차라리 이혼해."

　어떤 게임이든 초조한 사람이 지게 되어 있다. 초조한 사람의 패를 읽는 건 그리 어렵지 않다. 승자가 되려면 아무리 불안하고 초조한 상황일지라도 '여유'를 가져야 한다. '여유'는 게임을 승리로 이끄는 강력한 무기다.

　화가 나면 하지 못할 말이 없다고 하지만 사실은 화가 날수록 말을 더 가려서 해야 한다. 특히 기존의 관계를 위협하는 말은 최대한 자제하는 게 좋다.

　일반적으로 관계를 위협하는 말은 칼자루를 쥐고 있는 쪽이나 자신의 잘못이 상대적으로 적다고 생각하는 쪽에서 내뱉게 마련이다.

　뇌는 별다른 일이 없는 한 안정을 추구한다. 튼튼하다고 믿었던 세계가 위협받으면, 그제야 앞으로 닥칠 여러 상황을 진지하게 따지기 시작한다.

　'해고될지도 모른다'는 생각은 '잘리기 전에 그만두자' 또는 '해고되기 전에 다른 직장을 알아보자'는 쪽으로 발전한다. 거래를 끊겠다는 위협을 받으면, '그동안 치사하고 더러웠는데 차라리 잘됐어!' 하고 자기 위안을 한다. 이혼하자는 말을 들으면 '끝내자고? 그래, 내가 하고 싶었던 말이 바로 그거야!'라며 발끈한다.

　이런 반응들은 최악의 상황이 실제로 닥쳤을 때 충격에 대비하기 위한 일종의 방패다. 처음에는 하나의 가능성에 불과한 일도 입 밖으로 내뱉으면 현실화될 가능성이 높아진다. 뇌가 그 일을 현실로 인식하기 때문이다. '말이 씨가 된다'나 '방귀가 잦으면 똥이 나온다'는 속담은 과학적으로 근거가 있는 말이다.

　가끔 먹는 자극적인 음식은 삶에 활력을 불어넣는다. 그러나 자극적인 말은 그렇지 않다. 자주 사용하면 할수록 관계가 불안해지고 삶이 위태로워진다.

　자극적인 말은 대화의 품격을 떨어뜨린다. 특히 관계를 위협하는

종류의 말은 더 그렇다.

가까운 관계는 맺기도 어렵지만 관계가 끊어지면 서로에게 큰 상처를 남긴다. 기존의 관계를 끊는다는 것은 누군가의 잘못 때문인데, 자세히 들여다보면 한쪽의 잘못이라기보다는 서로의 잘못인 경우가 태반이다.

관계가 위태로울수록 대화를 자주 해서 오해를 풀고, 서로의 잘못된 점을 바로잡아 나아가야 한다. 어차피 직원을 써야 한다면 해고가 최선인지, 거래처를 옮긴다면 지금과 유사한 일들이 빚어지지 않는다고 확신할 수 있는지, 이혼한다면 후회하지 않을 자신이 있는지 등을 충분히 검토한 뒤에 내뱉어도 늦지 않다.

자극적인 말은 대화의 품격을 떨어뜨릴뿐더러 나에게 그 어떤 이익도 안겨주지 않는다. 잘못을 뉘우치고 반성하라는 의도가 저변에 깔려 있겠지만, 대다수가 반성은커녕 자기방어에만 급급하다. 아니, 오히려 반격의 기회로 삼기도 한다.

톨스토이는 "분노는 다른 사람에게도 피해를 끼치지만 분노를 드러낸 당사자에게 가장 큰 피해를 끼친다"라고 말했다.

분노가 머리끝까지 솟구쳤다면 일단 자리를 피하라. 내뱉고 나서 나중에 후회하느니 잠시 머리를 식히는 게 현명하다.

내 일이 아니라고 쉽게 말하지 마라

인간은 누구나 크고 작은 고민을 안고 산다. 내 고민은 먼지 같은 것도 태산처럼 무겁고, 타인의 고민은 태산 같은 고민도 먼지처럼 가볍다.

대인관계를 하다 보면 내 고민도 주체할 수 없는데, 지인들의 고민까지 듣게 된다. 정신이 딴 데 있다 보니 상대방의 이야기가 귀에 들어올 리 만무하다. 듣는 척만 하다가 이야기가 얼추 끝날 때쯤 위로랍시고, 한마디 툭 건넨다.

"세상사가 다 그래. 없는 놈만 죽어나는 거야!"

"뭘 그런 걸 갖고 분노하고 그래? 직장이 다 그렇고 그런 거지."

"속상해할 일도 아냐. 남자들은 다 그렇다니까!"

얼핏 듣기에는 아주 좋은 위로다. 그러나 똑같은 말이라도 경청 과정과 말을 건네는 사람의 연륜에 따라서 효과는 천차만별이다. 상대방의 이야기를 경청하고 충분히 공감한 사람이나 연륜이 풍부한 사람이 건넨 말이라면 적잖은 위로가 된다.

'맞는 말이야, 사는 게 다 그렇고 그렇지! 훌훌 털어버리고 새롭게 시작하자'는 쪽으로 마음 정리를 하게 된다.

그러나 듣는 둥 마는 둥 했거나, 나이도 새파랗게 젊은 사람이 건넨 말이라면 열에 아홉은 반감을 불러온다. 나는 괴롭고 힘들어 죽겠는데 자기 일이 아니라고 너무 쉽게 말하는 것 같은 인상을 받기 때문이다.

마치 득도한 고승이거나 세상을 수십만 년 산 삼천갑자 동방삭이라도 되는 것처럼, 정형화하거나 일반화한 말들은 대화의 품격을 떨어뜨린다. 한마디로 대체해버리면 상대방의 특별한 경험이나 고난이 평범한 것으로 전락한다.

굳이 그 말을 해야겠다면 한두 마디로 끝낼 게 아니라, 상대방의 이야기를 간략하게 요약한 뒤에 덧붙여야 한다. 그래야 허투루 건넨 말이 아닌, 충분한 경청 뒤에 하는 진심의 말로 받아들여진다.

자존감이 높은 사람들은 자기만의 시선으로 세상을 바라보기 때문에, 대화할 때도 자기만의 특색이 있다. 세상살이, 집단, 사건, 물건 등을 정형화하거나 일반화해서 말하다 보면 대화하기는 편할지 몰라도 자기만의 시선과 특색은 잃는다.

20세기의 가장 위대한 철학가로 꼽히는 루트비히 비트겐슈타인은 "나의 언어의 한계는 나의 세계의 한계를 의미한다"라고 말했다.

시시각각 변화하는 세계에 대해서 흥미를 잃거나, 호기심이 사라지면 정형화하거나 일반화한 말들을 주로 사용하게 된다. 아무리 주변을 둘러봐도 더 이상 새로운 것들이 눈에 띄지 않기 때문이다.

상대방의 이야기에는 공감하는데 적절한 위로의 말이 떠오르지 않거나, 정형화 혹은 일반화해서 건네는 한마디 말로는 부족하다는 생각이 든다면 차라리 스킨십을 하라. 말없이 안아주거나 어깨를 다독거려주거나 손을 꼭 붙잡아줘라.

마음이 담긴 따뜻한 스킨십은 어설픈 위로보다 더 큰 위안과 안정감을 준다.

상대방의 말을 싹둑 자르지 마라

대화에서 경청은 기본 중에 기본이다. 그러나 어린 학생은 물론이고, 사회인 중에서도 기본조차 모르는 사람이 많다.

한창 말하고 있는데 중간에 불쑥 말을 자르면 맥이 탁 풀린다. 신나게 달리다 엎어진 기분이랄까. 상대방은 아무렇지 않게 계속하라고 하지만 더 이상 흥이 나지 않는다.

첨단 기능을 갖춘 스마트폰의 등장은 중독자들을 양산했고, 대화를 가로막는 주범으로 떠올랐다. 카페, 식당, 술집에 가보면 일행이 한창 이야기하는데 스마트폰을 들여다보는 사람을 어렵지 않게 찾아볼 수 있다. 심지어 대화 중간에 셀카를 찍기도 한다.

다른 동료들이 일제히 웃거나 갑자기 분위기가 바뀌면 그제야 대화에 끼어든다.

"어, 미안! SNS 하느라 못 들었는데 방금 뭐라 했어?"

스스로 자초한 일임에도 자신의 흉을 봤을지 모른다는 불안감과 함께, 혼자 따돌림을 당한 것 같은 기분에 사로잡힌다.

대화 중에 사적인 호기심을 충족시키려는 사람도 적지 않다. 옷, 구두, 넥타이, 지갑, 액세서리 등과 같은 대화 외적인 부분에 관심을 갖고 있다가 한창 말하는 중간에 말을 싹둑 자르고 끼어든다.

"미안한데, 내가 잊어버릴까 봐 그래. 이 대리, 그 블라우스 어디서 샀어?"

상대방의 이야기에는 처음부터 귀를 기울이고 있지 않았다는 자기 고백이나 진배없다. '네 이야기는 들을 가치도 없지만 네가 입고 있는 블라우스는 쓸 만하네'라는 의미인데 기분 좋을 사람이 어디 있겠는가.

또한 대화와는 전혀 상관없는 스케줄을 재확인하는 사람도 있다.

"말하는 중에 미안한데, 우리 이번 주 등산 취소된 거 맞아?"

한창 이야기하는 사람으로서는 황당할 수밖에 없다. '이런 인간과 계속 사귀어야 하는 걸까?' 하는 회의감에 빠지기도 한다.

대화 도중에 불쑥 강경한 어조로 말을 자르는 사람도 있다.

"야, 그건 아무것도 아냐! 나는 글쎄……."

대화 주도권을 자기 쪽으로 가져오기 위해서 흔히 사용하는 수법 중 하나다.

《인간관계론》의 저자 데일 카네기는 "다른 사람의 이야기를 진지하게 듣는 경청의 태도는 우리가 타인에게 드러내 보일 수 있는 최고의 찬사 중 하나다"라고 말했다.

'동냥은 못할망정 쪽박은 깨지 말라'는 속담이 있다. 경청은 못할망정 한창 이야기하는데 말을 자르는 행위는 대화의 품격을 떨어뜨린다.

경청이 중요한 이유 중 하나는 다른 사람의 이야기를 들어줘야만 상대방도 내 이야기를 들어주기 때문이다.

입장을 바꿔서 생각해보라. 당신의 말을 중간에 툭툭 잘라버리는 사람의 이야기에 당신은 얼마나 진지하게 귀를 기울이겠는가?

{ 힘들어도
　 떠벌리고 다니지 마라

"왜 이렇게 졸리지? 아, 졸려 미치겠네!"

"일이 너무 많아서 미치겠어! 난 언제쯤 지긋지긋한 일에서 벗어날 수 있을까? 죽어야 끝나는 게임인가?"

"돈에 쪼들리니까 돌아버릴 지경이야. 월급 들어와봤자 뭐 해? 이것저것 빠져나가고 나면 자판기 커피 한 잔 사 마실 여유도 없는데!"

고충 없는 사람이 어디 있겠는가. 가끔씩 고충을 토로한다면 충분히 공감하고 이해한다. 문제는 습관처럼 입에 달고 다닌다는 데 있다.

밤에는 도대체 뭘 하는지 말끝마다 '피곤해'를 달고 사는가 하면, 업무 관련해서 온갖 죽는소리를 다 하고, 돈이 없다고 1년 365일 노래를 부른다.

듣는 사람은 지긋지긋한데 정작 당사자는 그 심각성을 인지하지 못한다. 실제로 졸리고, 힘들고, 여유가 없는데 남들이 뭐라 하든 무슨 상관인가, 하고 제 편할 대로 생각한다.

　인간의 감각은 비슷한 상황이 계속되면 무뎌진다. 처음에는 상대방의 어려운 처지를 공감하고 도울 방법을 찾아보지만 계속되면, '저게 저 사람의 팔자인가 보다' 하고 외면한다.

　온갖 수단을 써도 졸음이 가시지 않으면 상사에게 양해를 구하고 일찍 퇴근하라. 인간의 육체가 아무리 정신의 지배를 받는다고 해도, 육체가 늘어지면서 앵무새처럼 '피곤해, 피곤해'를 연발한다면 슬쩍 빠져주는 게 나뿐만 아니라 다른 사람을 위해서도 현명하다.

　업무량이 많으면 해결책을 모색하라. 스스로 업무를 줄일 방법을 찾아내든지 상사와 면담을 통해서 해결하라. 투덜거린다고 해서 절대로 해결되지 않는다. 오히려 자신의 일조차 감당하지 못하는 무능한 사원으로 찍힌다.

　빚 때문이든, 들어가는 돈이 많든, 씀씀이가 헤픈 탓이든지 간에 빈털터리라고 광고하지 마라. 인간은 이기적인 동물이다. 행여 나에게 빌붙을까 봐 멀리하게 된다. 정말로 요긴하게 쓸 돈이 필요하다면 투덜거리지 말고, 아예 돈을 빌려달라고 말하라.

　아무 문제없는 사람이라고 이미지관리를 해도 호감을 사기 어려운 세상이다. 그런데 스스로 문제 많은 인간이라고 떠벌리는 건 외톨이로 만들어달라는 주문과도 같다.

　직장 동료뿐만 아니라 친구나 가족에게도 고충을 입버릇처럼 남발해서는 안 된다. 고충을 털어놓고 도움을 받거나 위로를 얻고 싶다면 작정하고 하라. 그래야만 소기의 목적을 달성할 수 있다.

　미국의 전설적인 풋볼 코치 루이 코츠는 81세에 자신이 코치를 맡았던 팀 중 하나인 노트르담대학교의 졸업 연설에서, 고난이 찾아와도 다른 사람에게 힘들다고 말하지 말 것을 주문했다. 열에 아홉은 아예 관심이 없고, 그중 한 명은 기뻐할 거라며!

개인적인 고충을 털어놓을 시간이 있다면 차라리 그 시간에 문제를 해결할 방법을 구체적으로 모색하라.

대화의 품격을 잃으면 자존감 또한 추락한다.

막말에
일일이 반응하지 마라

막말 중에 압권은 '팩트 폭격'이다. 사실이 아닌 경우에는 시간이 지나면 밝혀질 거라는 위안거리라도 있다. 그러나 콤플렉스 같은 숨길 수 없는 사실을 무차별적으로 공격해 오면 숨을 곳도 없다. 고스란히 아픔과 슬픔을 감내해내야 한다.

"꼽추는 아닌 것 같은데, 등이 왜 그래? 거북 등 좀 반듯하게 펼 수 없어?"

"아무리 대학을 못 나왔다지만 일을 이따위로 하면 어떡해? 고졸 출신이라도 뇌는 있을 거 아냐?"

"면도라도 좀 해! 남잔지 여잔지 구분이 안 가잖아?"

막말을 일삼는 사람은 두 부류다.

첫 번째는 신경이 무딘 사람이다. 이들은 자신의 말이 상대방에게 미칠 영향에 대해서는 조금도 고려하지 않는다. 눈치도 없고, 배려심도 부족하다. 이런 사람에게 팩트 폭격을 당하면 처음에는 기분도 나쁘고 황당하지만 모든 사람에게 골고루 폭격하므로, 이내 그런 사람이려니 하고 넘어간다.

두 번째는 비뚤어진 마음을 가진 사람이다. 이들은 타인의 불행을 즐기고, 정복하고자 하는 마음이 강해서 군림하려 들고, 자신의 잘못은 좀처럼 인정하지 않는다. 이런 유형의 사람과는 가급적 부딪치지 않는 게 상책이다. 어쩔 수 없이 같은 공간에서 생활해야 한다면, 한 귀로 듣고 한 귀로 흘려버려야 한다.

미국의 성형외과 의사이자 심리학자인 맥스웰 말츠는 "적어도 지구인의 구십오 퍼센트가 콤플렉스를 느끼며 살고 있다"라고 말했다. 즉, 나뿐만 아니라 대다수 사람이 저마다 콤플렉스를 갖고 산다.

'막말러'들이 나에게 콤플렉스를 자극하며 팩트 폭격을 가해 오더라도 좌절하거나 슬퍼할 이유는 없다. 아니, 오히려 뻔뻔해질 필요가 있다.

'그래, 나 등 좀 굽었다. 하지만 마음 굽은 너보다야 백 배 낫지!'

'맞아, 나 고졸이야! 하지만 명문대 졸업해서 줄줄이 프로젝트 말아먹은 너에 비하면 양반 아냐?'

'솔직히 나 진신에 털이 많아서 콤플렉스야. 하지만 난 너처럼 옹졸하진 않아!'

사회에는 인간의 탈을 쓴 괴물이 널렸다. 그들에게 휘둘려서는 제대로 사회생활을 해낼 수 없다. 그렇다고 그들처럼 괴물이 되어서 싸우지도 마라. 소득도 없고 정신적으로, 육체적으로 힘만 들 뿐이다.

사실 일일이 대꾸할 필요조차 없다. 한 귀로 듣고 한 귀로 흘려버리는 게 현명하다.

"아, 네. 그래서 점심은 뭐 먹죠?"

공격했는데 반응도 없고 그 어떤 충격도 받지 않는 눈치라면, 공격할 의욕이 확 꺾인다. 재미가 없으니까!

괴물들과 맞서 싸우지 마라. 그것들은 나의 반응을 먹고산다. 온갖 괴물들에게 둘러싸여 있더라도 내 마음만 굳건하면 얼마든지 평온해질 수 있다.

심한 자책은 자존감을 떨어뜨린다

　누구나 한 번쯤 집에서 이불킥을 하며 자책해본 경험이 있으리라. 그런데 점점 공공장소에서 이불킥하는 사람이 늘고 있다.
　대화 도중에 갑자기 머리를 쥐어뜯으며 자신을 질책하기도 하고, 벌떡 일어나서 거친 욕설을 퍼부으며 안절부절못하기도 한다.
　"미쳤어, 미쳤어! 이놈의 혓바닥을 확 뽑아버려야 해!"
　"병신, 쪼다, 닭대가리! 차라리 나가 뒈져라!"
　"하필 거기서 넘어질 건 또 뭐야? 차라리 다리나 확 부러져버릴 것이지!"
　인간은 저마다 마음속에 '가상의 나'를 간직한 채 살아간다. 실제의 나를 비춰 보는 일종의 거울이다. 실제 내가 했던 말과 행동을 '가상의 나'에 비춰 보며 반성하기도 자책하기도 한다. '가상의 나'를 잘만 활용하면 인격적으로 발전하고 성숙해진다.

문제는 대다수 사람의 마음속에 있는 '가상의 나'가 실제의 나보다 부풀려졌다는 사실이다. 정확한 모습을 비춰주는 거울이 아니라 왜곡된 거울인 셈이다. 그래서 면접이나 데이트 같은 결정적 순간을 되돌아보면, '아, 내가 그때 왜 그런 말과 행동을 했을까?' 하는 후회와 함께 부끄러움이 밀려오고, '가상의 나'보다 못한 나의 무능함을 자책하다 못해 분노의 이불킥을 하게 되는 것이다.

이렇게 자책하는 이유는 나의 잘못을 타인이 눈치채고 지적하기 전에 미리 나를 야단침으로써, 타인에게 받을 미움이나 혐오를 사전에 차단하기 위한 심리적 전술이다.

그러나 이러한 심리적 전술의 실제 효과는 미미하다. '가상의 나'가 실제의 나보다 부풀려져 있어서, 그 일로 인해 다른 사람들이 나를 미

워하거나 혐오할 거라는 상상은 정말 상상으로 끝나는 경우가 대부분이다. 이불킥을 자주한다면 '가상의 나'와 비교할 게 아니라 있는 그대로를 받아들이는 자세가 필요하다.

나는 이불킥을 해야 할 것만 같은 결정적 후회의 순간이 떠오르면 전인권의 '걱정 말아요, 그대'라는 노래를 흥얼거린다. 처음부터 끝까지 부르기도 하지만 대개는 이 부분만을 반복해서 부른다.

지나간 것은 지나간 대로 그런 의미가 있죠.
떠난 이에게 노래하세요, 후회 없이 사랑했노라 말해요.

인간인 이상 지나간 일은 어찌할 수 없다. 민망한 행동은 민망한 대로, 부끄러운 말들은 부끄러운 대로 훌훌 털어버리고, 더 나은 내일을 향해서 나아가는 게 현명한 전략이다.

설령 내가 중요한 실수나 잘못을 저질렀다고 해도, 그 누구 하나 그 일로 인해 나를 미워하거나 혐오하지 않는다. 인간은 '나' 위주로 생각하고 살아가기 때문에 다른 사람의 실수나 잘못에 대해서는 크게 신경 쓰지 않는다.

사무실에서 일하고 있는데 결정적 후회의 순간이 떠올라서 이불킥을 피할 수 없다면, '심한 자책'에서 '가벼운 자책'으로 등급을 낮춰라.

"아, 멍청이!"

"난 바보야, 바보!"

이 정도의 자책이라면 애교로 봐줄 수 있다. 누구나 마음속에 '가상의 나'를 간직한 채 살아가기 때문에 쉽게 상황을 눈치채고 공감한다.

심한 자책은 자존감을 떨어뜨리고, 자신에 대한 불신을 불러온다.

'결정적 후회의 순간'이 떠올라서 견디기 힘들면 '걱정 말아요, 그대'를 나지막이 흥얼거리자. 행복해서 웃는 게 아니라 웃다 보면 행복해진다는 말처럼, 노래를 흥얼거리다 보면 마음이 진정되면서 '결정적 후회의 순간'이 나름의 의미로 다가온다.

책임을 회피하지 마라

가까운 사람일지라도 평상시에는 진면목을 알아보기 어렵다.

자신에게 특별한 손해가 가지 않는 한 본성을 좀처럼 드러내지 않기 때문이다. 그래서 사람을 알려면 같이 술을 마시든지 함께 여행을 가라고 하는 것이다. 특히 장기간의 여행은 인간의 몸과 마음을 지치게 해서, 사람의 그릇은 물론이고 본성까지 속속들이 알게 해준다.

처음부터 나쁜 사람은 없다. 평상시에는 한없이 인자하던 상사도 막상 일이 터지면 악마로 돌변한다. 특히 자신의 이익과 연루되어 있는 경우, 일을 처리하는 과정에서 사람의 본성이 고스란히 드러난다.

대인관계는 이익을 위해서 하게 마련이다. 그러나 항상 이익만 볼 수는 없다. 손실을 함께 짊어져야 할 때도 있고, 지위가 높거나 자신의 책임이 더 큰 경우에는 혼자서 책임을 져야 할 때도 있다.

이러한 사실을 이론적으로 모르는 사람은 거의 없다. 대개 사회생활을 하는 사람이라면, 어느 정도 인격을 갖추었다면 당연히 그래야 한다고 격하게 수긍한다. 그러나 실제 상황에 부딪혔을 때 행동으로 옮기는 사람은 그리 많지 않다. 상당수가 책임을 다른 이에게 전가하기 급급하다.

"네가 싼 똥이니까 네가 치워!"

"내가 그렇게 하면 안 된다고 했지? 이제부턴 지지든 볶든 네 마음대로 해!"

"바보 아냐? 내가 경고할 때는 들은 척도 하지 않더니 이제 와서 못 들었다고 하면 대체 어쩌자는 거야?"

대체로 자존심이 강한 사람들이 자신의 잘못을 인정하지 않는다. 이런 부류의 사람들은 타인으로부터 지적받는 걸 두려워한다. 때로는 상황이 여기까지 흘러온 데 대한 심한 자괴감에 빠지기도 하지만 좀체 외부로 그 사실을 드러내지 않는다. 내적 갈등이 심해지면 자신의 말과 행동을 합리화하고, 불쾌한 감정을 노골적으로 드러내면서 자신의 잘못을 다른 사람에게 슬쩍 떠넘긴다.

이런 부류의 인물은 쓸데없이 승부욕만 강해서 어디를 가도 환영받지 못한다. 특히 리더로서는 최악이다.

조직에서 일이 잘못되면 누군가는 책임을 져야 한다. 설령 상사로부터 바보 멍청이 취급을 당하게 될지라도, 자신이 잘못한 부분이 있다면 인정해야 한다. 그래야만 잘못되기까지의 과정과 일이 잘못 진행되도록 방치한 사람들의 심리 상태를 정확히 찾아내서, 같은 상황의 되풀이를 막을 수 있다.

인간은 완벽한 일 처리를 꿈꾸지만 신이 아니다. 아무리 완벽을 기해도 언젠가는 예상치 못한 사고가 발생하게 마련이다.

자존감이 높은 상사는 기꺼이 부하 직원의 잘못까지 책임진다. 반면 자존감이 낮은 상사는 자신의 잘못까지 부하에게 떠넘긴다. 이런 사람이 조직원들로부터 존경을 받기란 낙타가 바늘구멍에 들어가기보다 어렵다.

조직에서 성장하고 싶다면 먼저 등을 보여서는 안 된다. 직장이란 피라미드 구조로 되어 있다. 위로 올라가기는 점점 어려워지는 반면 책임질 일은 점점 늘어만 간다. 조직원들의 신뢰를 잃은 상사란 양초로 날개를 붙이고 하늘 높이 올라가려는 이카루스와 다르지 않다. 그것은 진짜 날개가 아니기 때문에 추락도 한순간이다.

용모로 타인을 평가하지 마라

얼마 전, 시내 중심가에 위치한 패스트푸드점에 갔다. 창가에 앉은 남학생 셋이서 오가는 여자들에게 점수를 매기고 있었다.

"와, 저 누나 완전 내 스타일. 구십오 점!"

"미친 거 아냐? 구십오 점은 말도 안 돼! 흔한 강남산 성형 미인이잖아. 난 팔십 점."

"생긴 건 제니퍼 로렌스인데 밀리터리 패션을 걸쳐서 언밸런스해. 난 팔십오 점"

아무리 어리고, 입시 준비에 지쳐서 잠시 머리를 식히기 위한 놀이라고 해도 공공장소에서 해서는 안 될 행위다.

'아재' 소리를 듣는 한이 있더라도 한마디해주려고 자리에서 일어났다. 눈치를 챈 건지, 놀 만큼 논 건지는 몰라도 학생들이 먼저 가방을 챙겨 들고 자리를 떴다.

옷차림이나 인물평을 하는 건 중고등학생들만의 유희가 아니다. 직장인 채팅방은 물론이고, 동성 직원끼리 흔히 주고받는 대화 가운데 하나가 인물평이다.

"강 대리는 영업하면 안 돼! 생긴 거 봐. 딱 사기꾼이잖아. 아무리 진지하게 말해도 신뢰가 안 간다니까!"

"오늘 아침에 막내 옷차림 보고 팔십팔년도로 되돌아간 줄 알았다니까. 걔는 세상을 왜 이렇게 막살지? 예쁘면 다야?"

"김 대리는 아랫배가 그 정도면 출산휴가 가야 하는 거 아냐? 터지기 직전의 풍선을 보는 것 같아서 내가 더 불안하다니까!"

친한 동료들끼리 친분을 쌓기 위한 자리라 하더라도, 타인의 생김새를 비방하거나, 옷차림을 지적하거나, 몸매를 비웃는 건 바람직하지 않다. 대화의 품격을 떨어뜨릴 뿐 아니라 자칫하다가는 하지도 않은 욕을 했다는 오해를 받기 십상이다.

'이모취인(以貌取人)'이라는 고사성어가 있다.

공자는 스물아홉의 어린 자우를 문하생으로 받아들이면서 그의 얼굴이 너무 못생겨서 재능을 의심하였다. 그러나 그는 공자의 가르침을 받은 뒤로는 지름길도 외면하고 오로지 대로로만 다녔으며, 공적인 업무가 아니면 대부를 만나지도 않았다.

훗날 자우는 양자강으로 가서 자리를 잡았는데 그를 따르는 제자가 300명이나 되었다. 자우는 제자들에게 무슨 일을 할 때는 '의(義)'에 따르라고 가르쳐서, 제후들 사이에 명성이 자자했다. 자우에 대한 소문을 들은 공자는 생김새로 능력을 판단했던 지난날의 자신의 잘못을 뉘우쳤다.

'이모취인'은 '용모로 사람을 평가하지 말라'는 뜻이다. 외모 지상주의가 판치는 세상이라 해도 옷차림이나 인물평을 하는 건 바람직하지 않다.

눈에 보이는 게 전부가 아니다. 돌아가며 인물평을 해야만 하는 자리라면, 단점보다는 차라리 장점을 말하라.

타인을 흉보면서 그 사람이 나를 칭찬해주기를 바란다면 세상 물정 모르는 풋내기다. 내가 행한 대로 돌려받는 게 세상 이치다. 타인의 단점을 늘어놓으면 그 사람 역시 나의 흉을 볼 것이요, 타인의 장점을 늘어놓으면 그 사람 역시 나를 칭찬할 것이다.

이기는 대화에 집착하지 마라

　자존심이 강한 사람일수록 이기는 대화에 집착한다. 수평적인 대화를 나누다가도 대화가 자신의 뜻대로 흘러가지 않으면 이기고 싶다는 갈망을 느낀다. 어떻게든 이기려는 욕심에 우월적 지위를 이용해서 협박한다.

　"오, 이직하려고 단단히 준비했나 봐. 아냐? 근데 무슨 말이 그렇게 많아? 위에서 시키면 시키는 대로 할 것이지!"

　"이래서 조선인들은 잘해주면 안 된다니까! 내가 친구처럼 허물없이 같이 놀아주니까 만만해 보이지?"

　"좋아, 정 그렇다면 네 뜻대로 해! 근데 네가 그러고도 승진할 수 있을 거 같아?"

　대화의 전제 조건은 상호 안전이다. 육체적으로든 정신적으로든 안전 확보가 안 되면 불안감 때문에 정확한 의사 표현이 어렵다. 그래서 현행법에서는 불법 구금 상태나 고문으로 인한 진술은 '위법 수집 자백'이라 해서 증거물로 인정하지 않는다.

우월적 지위를 이용한 협박은 공갈·협박죄는 물론이고, 성범죄나 폭행죄로 이어져 종종 사회 문제가 되기도 한다.

대화가 격렬해지다 보면 지니고 있는 모든 무기를 동원하게 마련이다. 우월적 지위는 상대방의 안전을 위협하기 때문에 그 어느 것보다 효과적인 강력 무기다. 효과가 높다고 해서 자주 휘두르다 보면 사람을 잃게 된다.

대부분의 회사에는 우월적 지위를 망나니의 칼처럼 마구 휘두르는 '갑질 상사'가 있다. 처음에는 말로 갑질하다가 상대방이 만만하다 싶으면 따귀를 때리기도 하고, 구둣발로 정강이뼈를 걸어차기도 한다. 부하 직원들은 '더러운 똥'으로 분류해서, '갑질 상사'가 나타나면 재빨리 자리를 피한다.

갑질 상사는 대체적으로 자아 정체성이 확립되지 않았기에 자존감이 낮다. 쓸데없는 자존심만 높아서 부하 직원의 도발을 절대 용납하지 못한다. 또한 자기 나름의 철학이 없다 보니, 근무시간에 사적인 용무를 보면 안 된다 해놓고 사적으로 심부름을 시키는 등 말과 행동이 불일치할 때가 많다.

부하 직원에게 존경받는 상사가 되고 싶다면 이기는 대화에 집착해서는 안 된다. 내 의견과 차이가 있다면 그 이유가 무엇인지를 알아내기 위해서 노력해야 한다. 만약 부당한 명령임을 자각하고 있는 상태에서 부하 직원에게 전달해야 하는 상황이라면, 전후 사정을 그대로 전달할 필요가 있다.

톨스토이는 대인관계에 대해서 이렇게 조언한다.

"남과 사이가 좋지 못하거나, 그 사람이 당신과 있는 것을 싫어하거나, 당신이 옳은데도 그 사람이 동조하지 않으면 책망받아야 할 사람은 그 사람이 아니라 바로 당신이다. 왜냐하면 당신이 그 사람에게 마음과 정성을 다하지 않았기 때문이다."

인간은 개나 소처럼 때리고 윽박지른다고 길들여지지 않는다. 거칠게 대하면 대할수록 점점 멀어진다.

사람을 얻고 싶다면 마음을 열고 정성을 다해야 한다. 그러다 어느 순간, 진심을 알게 되면 제 발로 다가온다.

인맥은 평상시에 관리해야 유용하게 쓸 수 있다

"선후배 좋다는 게 뭐야? 그러지 말고 제발 나 좀 도와줘."
"우리가 남이가! 이럴 때일수록 우리끼리 뭉쳐야 해."
"사돈에 팔촌이어도 그 피가 어디 가? 이번 기회에 나 좀 밀어줘!"

한국 사회의 병폐를 이야기할 때 학연, 지연, 혈연을 말한다. 정치인들은 선거철만 되면 표를 얻기 위해 노골적으로 지역감정을 자극한다.

그렇다고 학연, 지연, 혈연이 꼭 나쁜 것만은 아니다. 정이 많아서 모교나 고향, 혹은 종친회의 발전을 위해 자발적으로 기부하고 봉사하는 사람들도 있다. 그런 순수한 마음을 가진 사람들에게 박수는 치지 못할망정 비난할 수는 없는 노릇이다.

문제는 '남이야 어떻게 되든 우리만 잘 먹고 잘살면 된다'는 식의 집단 이기주의이다. 학연, 지연, 혈연에 치우치다 보면 공정한 사회 발전을 기대할 수 없다. 능력 있는 사람은 탈락시키고, 자신이 잘못하더라도 덮어줄 주변 사람 위주로 인사를 하면 결국 부조리를 낳는다. 군사 조직인 '하나회'나 관료조직인 '관피아'가 위험한 이유도 이 때문이다.

한국에서 다단계 판매가 활성화된 이유도 학연, 지연, 혈연과 무관하지 않다. 이런 인맥을 활용하면 기하급수적으로 판매원을 늘려갈 수 있다. 그래서 일부 회사에서는 영업 사원을 교육시킬 때 아예 노골적으로 주변 인맥을 최대한 활용하라고 주문한다.

인간의 심리상 평소에 잘 대해주던 사람이 찾아와서 부탁하면 거절하기 어렵다. 그런데 평소에는 소 닭 보듯 하던 사람이 불쑥 찾아와서 학연, 지연, 혈연을 들먹이며 부탁하면 인격 자체를 의심하게 된다. 차마 면전에 내뱉지는 못하지만 '그럼 우리가 남이지! 가족이야?'라는

말이 입안을 맴돈다.

  대인관계의 달인은 굳이 학연, 지연, 혈연을 강조하지 않는다. 그 대신 평소에 관심을 갖고 잘해준다. 자주 전화해서 안부를 묻고, 가끔 만나더라도 따뜻한 미소, 격려, 스킨십 등을 통해 마음을 전한다.

  오프라 윈프리는 인맥에 대해서 이렇게 조언한다.

  "당신에 버금가는, 혹은 당신보다 나은 사람들로 주위를 채워라. 좋은 사람들은 좋은 에너지를 주게 마련이다. 내가 살아가는 데에서 나에게 조언을 해주고 방향을 제시해줄 멘토는 많을수록 좋다. 우리는 완벽하지 않기 때문에 그들의 진심 어린 조언을 듣고 실행한다면 시행착오를 많이 줄일 수 있다."

  학연, 지연, 혈연에 얽매이다 보면 훌륭한 인재를 놓치게 된다. 사람을 사귈 때는 좀 더 유연해질 필요가 있다.

정확하지 않은 사실은 퍼뜨리지 마라

"택배로 구두를 선물 받았는데, 이거 헤어지자는 신호 아냐?"
"비오는 날이어서 도로가 막혀 그쪽 사람들도 보나마나 늦을 거야. 그러니 십 분쯤은 늦게 가도 상관없어."
"혹시 김 대리 소행 아닐까? 그 사람 사흘 전에 총무과 정 대리한테 돈 꿔 가던데……."

대인관계에서 가장 조심해야 할 것은 근거 없는 추측이다. 추측의 사전적 의미는 '미래의 일에 대한 상상이나, 과거나 현재의 일에 대한 불확실한 판단을 표현하는 일'이다. 즉, 모르는 일들을 대충 짐작하는 행위다.

인간은 다른 동물에 비해서 전두엽이 발달해 있다. 전두엽은 미래를 예측하고, 계획을 세우고, 충동적인 감정을 자제해서 사람을 설득하는 일 등을 한다.

원시 시대부터 인류는 미래를 알고 싶어 했다. 미래를 예측할 수 있다면 폭설, 폭우, 가뭄 등의 자연재해로부터 살아남을 확률이 높아지기 때문이었다. 그러나 미래를 정확히 예측한 예언가는 손가락으로 꼽을 정도에 불과하다.

미래에 대한 적중률이 형편없는 이유는 세계가 시시각각 변화하기 때문이기도 하지만, 뇌가 '나의 생명과 안전'을 위주로 예측하기 때문이다. 내 일이라면 죽을 확률이 거의 없는 상황에서도 위험도를 높이 상정해놓고, 최악의 상황을 상상하며 만일에 대비한다. 그러나 타인의 일이라면 이성적으로 판단해 위험도를 낮게 책정한다.

또한 똑같은 상황에서도 그때그때의 기분에 따라서 다르게 예측한다. 기분이 좋거나 길을 가다 천 원짜리라도 한 장 주우면 모든 일이 잘 풀릴 거라고 예측한다. 그러나 기분이 나쁘거나 설거지하다 접시라도 하나 깨뜨렸다면 불길한 예감에 사로잡힌다.

그리스 신화에 카산드라라는 트로이 공주가 나온다. 그녀의 미모에 반한 태양의 신 아폴론은 예지 능력을 주면서 그녀의 마음을 얻으려 시도한다. 그러나 카산드라는 예지 능력만 받고 사랑은 거부한다. 카산드라는 트로이의 멸망과 아버지의 비참한 죽음을 예언한다. 그러나 아폴론이 그녀의 예언을 믿지 못하도록 저주를 내려서 아무도 그녀의 말을 믿지 않는다. 결국 그녀는 예지 능력을 얻은 걸 후회하며 비참하게 생을 마감한다.

우리는 카산드라 이야기를 통해 인간은 신을 통하지 않고서는 미래를 예측할 수 없음을 알게 된다. 설령 신이 예지 능력을 준다고 해도 신이 허락해야만 그 능력을 온전히 발휘할 수 있다.

대화를 나누다 보면 가끔씩 미래를 훤히 들여다보고 있는 것처럼 말하는 사람들이 있다. 그런 사람들은 대개 사기꾼이다.

대화의 품격을 높이고 싶다면 섣불리 미래를 예측하지 마라. 셜록 홈즈라도 된 것처럼 정확하지도 않은 일을 추측하거나, 미래의 일을 제멋대로 예측하지 마라. 그런 말들은 사건의 본질을 흐리게 하는 데다, 누군가에게 돌이킬 수 없는 마음의 상처를 준다.

아인슈타인은 미래에 대해서 이렇게 말했다.

"나는 미래에 대해 생각하는 법이 없다. 어차피 곧 닥칠 테니까."

우리는 미래에 대해서 아인슈타인과 같은 자세를 지녀야 한다. 섣부른 추측은 대화의 품격을 떨어뜨리고 혼란만 가중시킬 뿐이다.

흙탕물이 차에 튀면 윈도우 브러시로 닦아내듯이, 우리의 삶 속에서 부정확한 것들을 제거해내자. 그러면 일상이 좀 더 명확해질 것이다.

자랑하면 할수록
상대방의 마음은 점점 멀어진다

대한민국 어디를 가더라도 쉽게 볼 수 있는 것 중 하나가 자랑질이다. 재산 자랑, 마누라 자랑, 자식 자랑은 기본이고 심지어 사돈의 팔촌까지 끌어들이며 자랑한다.

자랑은 자기 PR의 일종이다. 현대인들은 '치열한 경쟁 사회에서 살아남으려면 남들보다 돋보여야 한다'는 압박감에 사로잡혀 있다. 그러다 보니 실력뿐만 아니라 실력 외적인 부분까지 끌어들여서 자기를 홍보하기에 여념이 없다.

"내가 어렸을 때는 우리 집 논을 돌아보려면 반나절이 걸렸어. 끝자락에 지평선이 보일 정도였다니까!"

"부모가 공부하라고 잔소리해봤자 말짱 꽝이야. 우리 큰애도 제발 공부 좀 하라고 고사를 지내다시피 했지만 귓구멍에 말뚝을 박았는지 들은 척도 안 하더라고. 웹 소설인지 뭔지를 쓴다고 온종일 컴퓨터 앞에만 붙어 있더니, 갑자기 신의 계시라도 받았는지 이학년 여름방학 때부터 눈에 불을 켜고 공부하는 거야. 아, 글쎄 그러더니 덜컥 서울대에 합격했지 뭐야."

"한번은 여덟 시간을 계속 붙들고 설득한 끝에 가까스로 계약한 적이 있었지. 나중에 알고 보니까 그분이 귀머거리더라고."

재산이나 능력, 자식 자랑을 하는 심리 저편에는 '내가 너보다 낫다'는 우월감이 숨어 있다. 이는 아이들이 새로운 장난감을 사면 친구에게 쪼르르 달려가 "난 이거 있다! 갖고 싶지?" 하고 우쭐대는 것과 비슷하다.

자랑질이 대화의 품격을 떨어뜨리는 이유는 그 이면에 경쟁 심리가 도사리고 있기 때문이다. 자랑하는 사람은 상대적 우위에 있는 것 같아서 좋을지 몰라도, 듣는 사람 입장에서는 상대적 열등감을 강요당하는 것 같아서 기분이 나쁘다.

어떤 화제이든 간에 인간은 결국 '나' 자신을 돌아보게 되어 있다. 화산 폭발로 잿더미가 된 폼페이 사람들의 이야기든, 진주만 폭격으로 헤어진 연인이 60년 만에 재회해 부부가 된 이야기든, 여객기가 아마존 밀림에 추락해서 혼자 살아남은 소녀가 정글 속을 헤치고 나와 11일 만에 구출된 이야기든지 간에, 그 이야기 속에다 '나'를 투영해보는 것이 인간의 심리다.

대부분의 이야기에는 나름대로 배울 점이 있다. 그러나 자랑질만큼은 딱히 배울 게 없다. '내가 왜 이 시간에 여기서 이딴 이야기나 듣고 있어야 하는 거지?' 하는 지독한 회의감만 안겨줄 뿐이다.

권력이든 재산이든 많이 가진 사람은 자랑하지 않는다. 입에 침을

튀겨가며 자랑하는 이는 정작 그것밖에 자랑할 게 없는 사람이다.

자랑은 내가 먼저 꺼내지 않아도 본의 아니게 하게 될 때도 있다. 울고 싶은데 뺨 때려주는 격이라고나 할까. 화술의 달인은 자연스럽게 자랑질을 유도한다.

"사모님이 상당한 미인이시던데, 도대체 어디서 그런 분을 만나셨어요?"

"우와, 아드님이 관운장처럼 늠름하네요! 이번에 명문대에 들어갔다면서요?"

슬쩍 자랑하라고 자리를 깔아준 뒤 과다한 액션으로 맞장구를 쳐준다. 그러면 자랑하는 사람은 기분이 점점 좋아지는 데다 귀한 시간을 빼앗은 것만 같은 미안함 때문에 상대의 요구를 들어주게 된다.

상대방의 화술에 말려서 본의 아니게 자랑하게 되는 경우라 하더라도, 가볍게 마무리하는 게 서로한테 좋다. 재미 삼아 미끼를 낼름 먹다가는 한 번쯤 된통 당하는 것이 세상사다.

대화를 가로채지 마라

지적 능력을 과시하려고 종종 준비된 대화를 원하는 사람들이 있다. 그들은 대화 도중에 자기가 잘 아는 쪽으로 슬쩍 화제를 바꾼다.

"고작 오백만 원 잃고 뭔 엄살이야. 난 상장 폐지되는 바람에 삼천만 원 날렸어! 글쎄, 그 주식을 누가 추천해줬는지 알아?"

주식 시장이 약세장이어서 언제쯤 강세장이 올 것인지에 대해서 이야기하고 있는데, 누가 손해 보았다는 그 한마디를 징검다리 삼아, 상장 폐지되는 바람에 돈 날린 자신의 이야기로 화제를 옮겨버린다.

"축구는 프리미어리그지! 칼만 안 들었지 전쟁이야, 전쟁. 다른 리그와 달리 뚜렷한 강팀이 없어서 매 라운드마다 순위가 뒤바뀌잖아. 선수는 물론이고 축구팬들도 피가 마르거든."

K리그에서 올해는 어느 팀이 우승할 것인지에 대해서 이야기하고 있는데 갑자기 프리미어리그를 들먹이며 이야기 주도권을 빼앗아 간다.

"코믹 연기하면 로빈 윌리엄스지! 실제 삶은 영화처럼 행복하지 않아서 우울증을 앓다 결국 자살했지만 연기 하나는 끝내줬어."

어젯밤에 방영되었던 코미디 빅리그에 대해서 이야기하고 있는데 갑자기 로빈 윌리엄스로 화제를 옮기기도 한다.

경청을 제대로 하지 않아서 빚어진 해프닝일 수도 있고, 대화를 주도하기 위해서 꾸민 의도적인 행위일 수도 있다. 그 어떤 경우라 하더라도 요점에서 벗어나면 대화의 품격이 떨어진다.

대화의 근본 목적은 이익을 위해서다. 그러나 이익 여부를 떠나서 마음 맞는 사람과 대화를 나누다 보면 은근한 재미가 있다. 서로의 생각을 알 수 있고, 공통점을 확인하면 정도 한층 더 두터워진다. 바쁘게 살아가는 와중에 틈날 때마다 지인들끼리 모여서 시시콜콜 수다를 떠는 이유도 이 때문이다.

수다를 떨 때는 홈런 욕심을 부리면 안 된다. 대화 자체가 이기는 데 목적이 있는 게 아니라, 즐기는 자리이기 때문에 가벼운 단타 하나 정도면 충분하다. 이렇게 모든 사람이 너나없이 대화에 참여할 때 즐거운 자리가 된다.

비유하자면 일본영화 〈심야식당〉 같은 것이다. 단골손님들이 지닌 저마다의 사연을 잔잔하게 풀어낸 〈심야식당〉은 화려한 액션이나 볼거리는 없지만 그 나름대로 재미있지 않은가.

《채근담》에 이런 말이 나온다.

'한 마디 말이 들어맞지 않으면 천 마디 말을 더 해도 소용이 없다. 그러므로 중심이 되는 한 마디를 신중히 해야 한다. 중심을 찌르지 못하는 말은 차라리 안 하느니만 못하다.'

아무 말이나 내뱉으면 말이 될 것 같지만 그렇지 않다. 그 자리에 어울리는 말이 있고, 어울리지 않는 말이 있다. 다른 사람의 이야기를 경청하다가 그 자리에 어울리지 않는 말이라면 차라리 듣기만 하는 게 낫다.

대화의 주도권에 집착하지 마라. 말하는 즐거움을 얻는 대신 사람을 잃게 된다.

내 생각이 옳다고 해도 확신하지는 마라

"거짓말 잘하는 대통령의 입을 공업용 미싱으로 꿰매야 한다."

외환위기 이듬해인 1998년에 야당 국회의원이 한 말이다. 2016년에는 여당 대표가 "야당이 대통령 탄핵을 강행한다면 내 손에 장을 지지겠다"라고 해서 화제가 되기도 했다.

정치인들이 이처럼 자극적인 표현을 사용하는 이유는 아군을 집결하게 만드는 효과가 있는 데다, 언론과 대중의 관심을 단번에 끌 수 있기 때문이다.

대개 단정적인 말투에는 자신의 신념과 더불어 그것이 이루어지기를 바라는 개인 소망이 담겨 있다. 그래서 세일즈맨들 역시 단정적인 말투를 사용한다.

"이 제품의 오 년 내 고장률은 영 점 삼칠 퍼센트에 불과합니다. 한마디로 고장 없는 제품입니다!"

"이 제품을 구입하시면 하루에 천삼백육십 원을 이익 보시는 겁니다. 일 년에 사십구만 육천사백 원, 십 년이면 무려 오백만 원을 벌게 됩니다."

확신이 담긴 단정적인 말투는 의지가 약하거나 선택장애가 있는 사람에게는 상당히 효과적이다.

사랑 고백을 할 때도 단정적으로 말하면 신뢰를 줄 수 있다.

"오직 너만을 사랑해. 단언컨대 내가 살아 있는 동안에는, 나보다 더 너를 사랑해줄 사람은 없어!"

그러나 대인관계를 할 때 단정적인 말투는 가급적 피하는 게 좋다.

"틀렸어! 내가 확신하는데 그건 절대 그렇지 않아!"

각기 다른 생각을 지닌 사람들이 관계를 맺어나가는 게 대인관계다. 생각의 차이가 날 수밖에 없다. 설령 내 생각이 100퍼센트 옳다는 확신이 있더라도, 대화를 통해서 어디서 차이가 나는 건지 하나씩 확인해 나아가겠다는 느긋한 자세가 필요하다.

또한 상대방이 이미 내린 결정이라면 일단 그 결정을 존중해줘야 한다. 아무리 전문가라 하더라도 단정적으로 말해서는 안 된다.

"그 사업 절대 성공 못 해! 성공하면 내 손에 장을 지진다."

상대방의 결정을 무시한다는 건 그 사람의 판단력을 믿지 못하겠다는 것이요, 그것은 곧 그 사람을 독립적인 인격체로 인정하지 않겠다는 것과 같다.

소통하는 대화를 나누려면 상호 존중은 기본이다. 세상은 다면체이기 때문에 나의 생각이나 경험, 내가 보고 느끼는 것이 극히 일부분에 불과할 수도 있음을 인정해야 한다.

"그 인간 상종하지 마! 딱 보면 몰라? 인간쓰레기야!"

상대방의 나이가 어리다거나 세상 경험이 미천하다고 해서, 생각의 차이를 수준의 차이라고 판단해 깔아뭉개면, 소통 창구가 막혀 서로 등을 돌리게 된다. 남편과 아내, 부모와 자식 간의 갈등은 소통 부족에서 오는 경우가 대부분이다.

바둑 용어 중에 일감(一感)이라는 말이 있다. '첫 번째 감각'이라는 뜻인데 '언뜻 보기에 가장 좋은 수'라는 의미다. 그러나 프로기사들이 대국할 때 '일감'의 자리에만 두지는 않는다. 비록 그 자리가 일감일지라도 계속 찾다 보면 더 좋은 자리가 나올 수 있기 때문이다.

그동안 쌓은 철학과 연륜으로 판단하기에는 지금 생각이 일감이라 할지라도, '내 생각이 옳다'거나 '내 생각이 맞다'고 확신하지는 마라. 프로기사들이 장고하듯이, 시간을 갖고 천천히 대화를 나누다 보면 더 좋은 생각을 발견할 수 있다.

센 척할수록
경계수위가 높아진다

"왜 이래, 나도 한 성질 하는 사람이야!"
"가만히 있으니까 가마니 같지? 알고 보면 나도 무서운 사람이야!"
"좋은 게 좋은 거냐? 뒷감당할 수 있겠어?"

여자들이 허영심에 쉽게 빠져든다면 남자들은 허세에 쉽게 빠져든다. 특히 '센 척'하는 허세는 남자들에게 블랙홀이다.

남자의 세계에서는 싸움 잘하는 남자가 우상이다. 영웅이 악당을 물리치는 내용이 주된 소재인 할리우드영화나 무협영화를 보면서, 싸움의 달인이 되어 주변의 악당들을 물리치는 상상을 하며 성장했기 때문이다.

따라서 남자들 세계에서 '성질 있다'는 말은 '근성 있다', '싸움 좀 한다', '한때 놀아봤다'는 뜻을 내포하고 있다.

심리학에서 '허세'는 '실제의 나'보다 더 우월한 자아상을 겉으로 표출하는 말과 행동이다. 허세도 일종의 콤플렉스다. 센 척하는 사람은 실제로는 세지 않기 때문에 센 척하는 것이다. 정말 센 사람들은 참고 참다가 말이 아닌 행동으로 표출한다.

남자들은 수시로 허세를 부리고 싶은 유혹을 느낀다. 특히 잘나가는 시기에는 거부할 수 없는 블랙홀처럼 다가온다. 대표적인 사례가 문화체육관광부 장관이 국정감사장에서 취재진에게 내뱉었던 "찍지 마, 씨이! 성질이 뻗쳐서 정말!"이다.

장관직은 품격 있는 사람이 앉는 자리인 데다, 특히 문화체육관광부 장관이라면 '소통하는 대화'를 나눌 정도의 지적 수준을 갖춰야 한다는 게 일반적 시각이다. 그런데 사석도 아니고 국정감사장에서 막말을 했으니 언론과 국민들의 비난이 빗발칠 수밖에 없다.

소통하는 대화를 하고 싶다면 센 척하고 싶은 허세의 유혹에 빠져서는 안 된다. 실제로 센 척해봤자 좋을 게 없다. 정말로 세다는 걸 보여주려면 실력 행사를 해야 하는데, 자칫하다가는 폭행죄로 철창신세를 질 수도 있다. 또한 그 말이 사실이 아니라면 사람들 앞에서 망신은 망신대로 당하고, 허풍쟁이라는 오명을 뒤집어쓸 수도 있다.

영국의 소설가 제임스 M. 배리는 "인생은 겸손에 대한 오랜 수업이다"라고 했다. 나이를 어느 정도 먹었음에도 허세의 유혹에 쉽게 빠진다면 인생을 헛산 건 아닌지, 되돌아보아야 한다.

《이솝 이야기》의 〈북풍과 태양〉에도 나오듯, 나그네의 옷을 벗기는 것은 강한 바람이 아닌 부드러운 햇볕이다. 센 척하며 무리수를 두기보다는 인내심을 갖고 부드럽게 설득하는 것이 현명한 방법이다.

이미 잘못을 저질렀다면 추궁하지 마라

"지금 뭐 하고 있어! 프로면 프로답게 일해야지, 이런 초보적인 실수를 하면 어떡해? 도대체 정신이 있는 거야, 없는 거야!"

"이건 시험 보기 이틀 전에 풀었던 문제잖아! 충분히 풀 수 있는 문제도 틀리고, 모르는 문제도 틀리면 도대체 어디서 점수를 올리겠다는 거야? 그럼 밤늦게까지 공부한 의미가 없잖아!"

"아이가 다쳐? 아니, 종일 집구석에 있으면서 아이 하나 제대로 못 보면 어떡해! 주말마다 내가 집안 청소까지 해주잖아. 바빠 죽겠는데 이젠 나더러 아이까지 보라는 거야?"

경쟁이 심화되면서, 완벽을 추구하는 사람들이 점점 늘고 있다. 특히 성공을 꿈꾸는 야심가들은 완벽주의자가 되기 위해 자신을 가혹할 정도로 밀어붙인다.

완벽주의는 양날의 칼이다.

완벽하게 일 처리를 하겠다는데 대충대충 하라고 할 수는 없다. 사람의 생명이 걸려 있는 작업 현장이나 병원 같은 곳에서는 완벽주의 정신이 필요하다. 조금만 주의하면 산업재해를 막을 수 있는데 사소한 사고로 생명을 앗고, 살릴 수 있는 생명을 한순간의 방심으로 죽이게 된다면 서로한테 큰 불행이 아닐 수 없다.

완벽하게 일하는 건 좋지만 문제는 한정된 시간이다. 완벽을 추구할수록 일 처리에 소요되는 시간이 점점 늘어난다. 시간 대비 업무 효율성이 떨어져서 결국 밤낮없이 일하는 워커홀릭으로 변신할 수밖에 없다.

끝없는 업무와 각종 스트레스에 시달려야 하는 게 완벽주의자의 운명이다. 하나의 업무가 끝내면 다음 업무에 대한 목표는 한 단계 더 높아진다.

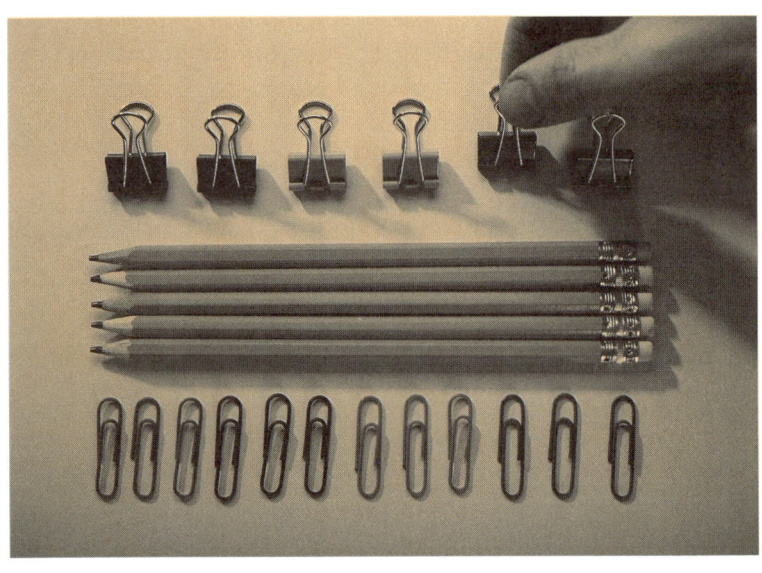

완벽주의자는 겉보기에는 더없이 평온해 보이고 쾌적해 보인다. 그러나 심리적으로는 몹시 불안정한 상태다. 실패할지도 모른다는 불안감, 항상 고도의 집중력을 발휘해야 하는 데서 오는 스트레스를 안고 살아야 한다. 그들은 내색하지 않지만 목표와 현실 사이에서 끊임없이 절망하고 좌절한다.

완벽주의자는 타인의 비난을 가장 두려워한다. 일할 때는 물론이고 평상시에도 흠 잡히는 일이 없도록 각별히 조심한다. 그러다 다른 사람이 잘못을 저지르면 자신의 일인 양 분개해서, 자신에게 하듯이 상대를 몰아붙인다.

물론 이론적으로는 전부 맞는 말이다. 하지만 말하는 방식에 문제가 있다. 그렇지 않아도 일이 잘못되어서 괴로워하고 있는데, 윽박지르며 궁지로 모는 것은 가득 찬 잔에 술을 따르는 것과 다름없다. 꾸중하는 사람은 뭔가 대단한 일을 한 것 같지만 꾸중 듣는 사람의 입장에서 보면 아무것도 얻은 게 없다.

그럴 때는 오히려 "괜찮아, 괜찮아!" 하고 다독여주는 게 훨씬 효과적이다. 굳이 뒷말을 덧붙이지 않아도 된다.

이미 잘못된 일을 어떻게 하겠는가? 상대방의 잘못을 질책하는 진정한 의미는 같은 잘못을 두 번 다시 반복하지 않도록 바로잡기 위함이다.

일을 저지른 사람은 내가 아닌 상대방이다. 어디서 어떤 부분을 잘못했는지 스스로 찾아내고 반성할 시간이 필요하다. 잘못을 따끔하게 지적하고 몰아붙이기보다는 한 발 물러서서 지켜봐주면, 스스로 잘못된 점을 찾아내고 반성한다. 하고 싶은 말은 그 뒤에 해도 늦지 않다.

완벽주의자는 자신이 구축한 세계에서 쉽게 벗어나지 못한다. 그들에게 소통하는 대화를 기대하는 건 태양이 서쪽에서 뜨기를 바라는 것과 같다. 소통하는 대화를 하려면 인간은 불완전한 존재라는 사실부터 받아들여야 한다. 여러모로 부족한 점이 있다 할지라도 자신의 있는 모습 그대를 사랑할 줄 알아야만 비로소 상대방의 부족한 면 또한 사랑할 수 있다.

그래야 상대방이 잘못을 저질렀을 때 그 아픔을 공감하고, 가슴 깊은 곳에서 우러나오는 진정한 위로의 말을 건넬 수 있다.

거짓말을
점점 줄여나가라

거짓말은 스펙트럼이 넓다.

거짓말을 밥 먹듯이 하며 상대를 위험에 빠뜨리고도 양심의 가책을 전혀 받지 않는 '반사회적 인격장애'가 있는가 하면, 좋은 뜻으로 하는 선의의 거짓말도 잘 못해서 더듬거리는 사람이 있다. 여하튼 잘하는 사람은 있어도 안 하는 사람은 없는 게 거짓말이다.

"탁 치니, 억 하고 죽었다."

"나는 예일대 박사 학위를 받은 현장 전문가다."

"술은 마셨지만 음주운전은 안 했다."

우리 사회에 파장을 일으켰던 최악의 거짓말이다. 이런 거짓말은 잘나가던 개인을 한순간에 추락시키기도 한다.

"수술은 잘 끝날 거니까 마음 푹 놓으시고 한잠 주무세요."

"당신 음식은 정말 맛있어! 밖에서 사 먹으면 왜 이런 맛이 안 나지?"

무난한 인간관계를 위한 선의의 거짓말은 안 하는 것보다는 하는 게 낫다. 보통 사람이 하는 거짓말은 최악의 거짓말과 선의의 거짓말 사이에 있다.

미국 애머스트대학교의 심리학자 로버트 S. 펠드먼이 연구한 결과에 의하면, 10분 정도 대화하는 동안 성인의 60퍼센트가 한 번 이상 거짓말을 하며, 평균 두세 번의 거짓말을 한다. 여성의 경우 상대방을 기분 좋게 하는 거짓말이 많고, 남성의 경우 잘난 체하는 거짓말이 많다고 한다.

많은 사람이 흔히 하는 거짓말로는 다수의 즐거움을 위해 재미 삼아서 하는 거짓말, 가까운 사람을 돕기 위한 거짓말, 자신을 돋보이기 위한 거짓말, 실수를 합리화하기 위한 거짓말, 경제적 이득을 보기 위한 거짓말, 복수를 위한 거짓말 등이 있다.

분위기를 살리기 위해서 재미 삼아 하는 거짓말은 괜찮다. 하지만 나머지 거짓말들은 대화의 품격을 떨어뜨린다. 물론 거짓말의 정도에 따라 달라지기는 하겠지만 거짓말의 속성상 한 번 입에 올리기 시작하면 꼬리에 꼬리를 문다.

현대 사회는 거짓말을 하도록 부추기는 면도 적지 않다. 입사시험을 볼 때는 "개인사보다는 회사 일이 우선입니다"라는 거짓말을 하도록 종용하고, 입사하면 고객에게 "제품에는 아무 이상이 없습니다"라는 거짓말을 하도록 강요한다.

그러나 아무리 거짓말의 유용성을 강조해도 어디까지나 편법일 뿐이다. 거짓말을 잘해서 성공 가도를 달릴 수도 있지만 편법을 통한 성장은 한계가 있다. 거짓말로 흥한 자는 거짓말로 망하게 되어 있다.

"모든 거짓을 버려라. 비록 작은 거짓일지라도 굴뚝의 재같이 시커먼 것임에는 틀림없다. 우리의 마음을 그러한 것으로 더럽혀서는 안 된다."

이는 영국의 사회비평가 존 러스킨의 명언이다. 그는 우리가 살아가면서 왜 거짓말을 해서는 안 되는지를 간명하게 보여준다.

거짓말은 품격을 낮춘다. 대화에 품격을 갖추려면 높은 도덕성을 지녀야 한다. 그리고 그 채에 걸려서 빠져나가지 못할 크기의 거짓말이라면 하지 않는 게 낫다.

상대가 감추고 싶어 하는 상처는 들추지 마라

"헬스클럽에 다니겠다고? 괜히 생돈 날리지 말고, 우리 그 돈으로 맛있는 거나 사 먹자! 너 지난번에 제과학원 끊었다가 두 번이나 갔나? 아, 또 작년에는 요가학원 등록했다가 사흘 만에 그만뒀지! 선생님이 마음에 안 들어서 못 다니겠다고 했던가?"

대화를 나누다 보면 시시콜콜한 과거까지 기억해뒀다가 기회가 왔다 싶으면 무차별 공격을 퍼붓는 사람들이 있다. 없는 이야기를 꾸며내는 건 아니니 들어보면 모두 맞는 말이다. 그러나 비록 사실이라 할지라도, 잊고 싶은 흑역사를 다른 사람에게서 들으면 기분이 상한다.

"다이어트도 하고 체력도 관리하겠다는 건 좋은 생각 같아. 그런데 문제는 일이 많다는 거야. 퇴근하고 집에 가면 밤 열 시라며? 그 시간에 헬스클럽에 갈 수 있겠어?"

과거와 같은 일을 반복하지 않기 위해서는 특단의 대책이 필요하다. 그 대책을 스스로 찾아낼 수 있도록 도와주는 게 소통하는 대화법이다.

상대방의 잘못을 지적하는 목적은 틀어진 일을 바로잡기 위함이다. 그런데 감정에 격해지면 종종 대화의 목적을 잃어버린다.

"뭐, 클레임 걸렸다고? 무슨 일을 그따위로 해! 얼마 전에는 거래처 간다고 해놓고 은행에 가서 개인 업무를 보질 않나, 지난달에는 몸이 아파서 못 나온다고 해놓고는 여행을 갔다 오질 않나? 일은 안 하고 매일 놀 생각만 하니까 클레임이나 걸리지!"

세상에 죄 없는 자 없듯이, 회사 일을 완벽하게 하는 사람은 없다. 단지 문제점이 드러났느냐, 드러나지 않았느냐의 차이일 뿐이다.

좋은 상사는 문제를 바로잡고, 같은 일이 되풀이되지 않도록 해결책을 마련하기 위한 대화를 한다. 나쁜 상사는 기다렸다는 듯이 과거의 잘못을 들먹이며 공격을 퍼붓는다. 상대방이 제정신을 못 차릴 때, 슬쩍 책임을 전가한다.

"김 대리가 싼 똥이니까 김 대리가 책임져!"

우리는 일이 잘못되면 그 원인을 과거로부터 찾는다. 그러다 보면 자신도 모르게 '과거충'으로 전락한다.

"지난번 일만 해도 그래! 아홉 시에 만나기로 했는데 한 시간이 지나서 나타났잖아. 그때는 약속 시간을 착각했다며? 착각할 일이 따로 있지, 어떻게 나하고 한 약속 시간을 착각할 수가 있어! 내가 그렇게 별 볼 일 없는 사람이야?"

약속 시간에 늦게 나타나면 별의별 생각이 다 들게 마련이다. 상대방이 약속 시간에 상습적으로 늦는다면 과거의 잘못을 하나하나 소환해서 잘못을 추궁할 게 아니라, 바로잡을 방안을 찾아야 한다.

상습적으로 약속 시간에 늦게 나타나는 사람들은 시간 개념이 없다든지, 기다리기를 싫어한다든지, 일이 항상 바쁘다든지, 준비하는 데 걸리는 시간 계산을 잘 못한다든지 등등의 특징이 있다. 상대방의 특징을 파악해서 근본적인 개선책을 마련해야지, 과거 일을 들먹이다 보면 "내가 말을 안 해서 그렇지, 넌 잘못한 게 없는 줄 알아!"라는 반발을 불러와서, 결국 관계만 악화된다.

미국의 36번째 대통령 린든 B. 존슨은 "과거 속에서 교훈은 얻을 수 있어도 과거 속에서 살 수는 없다"라고 말했다.

살아가는 데에서 중요한 것은 과거의 잘잘못이 아니라 과거를 통해서 무엇을 배웠느냐다. '과거충' 소리를 듣고 싶지 않다면 상대방의 아픈 과거는 모르는 척 눈감아줘라.

일방적인 대화는 폭력이다

　네트를 사이에 두고 하는 배구, 테니스, 배드민턴, 탁구 같은 스포츠의 묘미는 랠리에 있다. 상대편의 어려운 공격을 포기하지 않고 쫓아가서 받아넘기면 박수가 쏟아진다.

　한 팀이 일방적으로 몰아붙이면 흥미를 잃는다. 야구나 축구는 물론이고 권투 같은 격투기마저도 일방적인 승리는 재미없다.

　대화도 마찬가지다. 한쪽은 계속 말하고, 한쪽은 계속 듣기보다는 말을 서로 주고받을 때 대화의 묘미가 있다. 아이들이 공부에 재미를 못 붙이는 이유도 수업이 주로 듣기 위주로 이루어지기 때문이다.

　'듣기'가 수비라면 '말하기'는 공격이고, '듣기'가 수동적 행위라면 '말하기'는 능동적 행위다. 수비를 잘해야 공격이 빛나듯, 경청이 중요한 이유는 제대로 들어야 제대로 말할 수 있기 때문이다.

　그런데 대화하다 보면 다른 사람에게는 말할 기회를 주지 않고 혼자만 말하는 이들이 더러 있다. 자기 이야기에 취해서 저 혼자 신이 나서 떠들기도 하고, 잘해보자며 회사의 장밋빛 전망을 술자리가 끝날 때까지 늘어놓기도 하고, 훈계랍시고 비슷비슷한 교훈적 이야기를 몇 시간씩 늘어놓기도 한다.

프랑수아 드 라로슈푸코는 "우리는 자기 자신의 이야기를 할 때 많은 즐거움을 느끼지만 그것을 듣는 사람은 도무지 기쁘지 않다는 것을 알아야 한다"라고 말했다. 이기적인 뇌는 자신의 말에 취하면 상대방에 대한 배려쯤은 무시해버린다.

그래서 대화의 달인은 상대방으로 하여금 일부러 말을 많이 하게끔 유도한다. 평상시 말수가 적은 사람일지라도 자신의 관심 분야에 대해서라면 할 말이 많다.

"요즘 마라톤 시작하셨다면서요? 힘들지 않아요?"

"여행 갔다 오셨다면서요? 어땠어요?"

인간은 자랑하고 싶은 욕구와 인정받고 싶은 욕구를 지니고 있다. 말하기가 듣기보다 즐거운 이유다.

"와, 대단하시네! 어떻게 백 리가 넘는 그 긴 거리를 한 번도 쉬지 않고 달릴 수 있죠? 마라톤하는 분들은 보통 사람이 아닌 것 같아!"

"진짜 곰을 봤어요? 우와, 특별한 경험을 하셨네요."

인간의 뇌에는 상대방의 반응에 따라 공감하는 '미러 뉴런'이라는 신경세포가 있어서, 상대방이 미소 띤 얼굴로 호응해주면 기분이 급격히 좋아진다.

그 기분을 잠시 만끽하는 것도 나쁘지 않다. 문제는 그다음에 발생한다. 신나게 말했으면 적당히 마무리하고 상대방에게 공을 넘겨야 하

는데, 탄력을 받아서 혼자 계속 말하게 된다. 그때부터는 대화라기보다는 '혼자 떠벌리기'에 불과하다.

말하기에 취하면 뇌는 자기만의 세계에 빠져든다. 상대방의 호응도 눈에 띄게 약해지고 지루해하는 기색이 역력해도 눈치채지 못한다.

"어떻게 하다 보니까 나만 혼자 떠들었네."

자리를 정리할 때쯤에야 머쓱해져서 반성해보지만 이미 엎질러진 물이다. 모처럼의 만남이 이런 식으로 끝나면 서로가 찜찜하다.

한쪽이 일방적으로 때리면 그건 싸움이 아니라 폭행이듯이, 한쪽만 이야기하면 그것도 일종의 폭력이다. 정당한 대화가 되려면 안전이 보장된 상태에서 상대방도 자신의 생각을 피력할 수 있도록 해야 한다.

이야기를 반도 하지 못했는데 상대방이 지루해하거나 본의 아니게 이야기가 길어지면 "내가 하고 싶었던 이야기는" 혹은 "그래서 결국

145

은" 하고서 곧바로 결론 내린 뒤, 발언권을 상대방한테 넘기는 게 좋다.

톨스토이는 "현명하고자 한다면 현명하게 질문하는 방법, 주의 깊게 듣는 태도, 그리고 더 이상 할 말이 없을 때 말을 그치는 방법을 알아야 한다"라고 했다.

화려한 미사여구를 늘어놓는다고 해서 소통하는 대화가 되지는 않는다. 소통하는 대화를 나누려면 서로 존중하면서 말의 랠리를 느긋하게 즐겨야 한다.

당신의 멋진 말솜씨를 뽐내고 싶다면 일단 공을 상대방에게 넘겨라.

상대방의 생각이나 의향도 살펴라

"인간 대접을 받으려면 악착같이 돈을 모아야 해! 요즘은 어딜 가도 타고 간 차의 종류나 옷차림에 따라서 대접이 달라진다니까. 사람 대신 돈이 행세를 하는 세상이야!"

"단군 이래 최악의 불경기다 뭐다 해도 장사가 최고야! 회사에서 아무리 잘나가면 뭐 해? 언제 해고돼서 실업자로 전락할지 모르는데!"

"나이 한 살이라도 더 먹기 전에 결혼부터 해! 골드미스가 폼 나고 우아해 보이지만 외로움에 몸부림치는 게 골드미스야."

그리스 신화에 프로크루스테스라는 강도가 나온다. 그는 행인을 붙잡아서 철로 만든 자신의 침대에 누인 다음, 키가 침대보다 크면 잘라내고 침대보다 작으면 늘여서 죽였다.

'프로크루스테스의 침대'는 자기 생각에 의거하여 남의 생각을 뜯어 고치려는 행위나 남에게 해를 끼치면서까지 자신의 주장을 굽히지 않는 횡포를 말한다.

타인에게 해를 끼칠 정도는 아니라도, 우리 주변에는 프로크루스테스의 침대를 갖고 있는 사람들이 의외로 많다. 가장 흔한 건 '돈으로 만든 침대'다. 모든 길이 로마로 통하듯, 모든 이야기가 돈으로 통한다.

"저 옷 예쁘지 않아?"
"만든 사람 돈깨나 만졌겠네."
"한 명뿐인 동기가 출장 가서 요즘은 혼밥해."
"돈 벌려면 혼밥해선 절대 안 돼! 부자가 되려면
식사 시간을 이용해 인맥도 쌓고, 정보도 얻어야 하는 거야."

한 가지에 필이 꽂혀서 관심을 갖는 것까지는 좋다. 하지만 대화할 때는 내 생각만 할 게 아니라 상대방이 묻는 의도가 무엇인지를 먼저 생각해봐야 한다.

쇼윈도에 걸린 옷을 보고 "저 옷 예쁘지 않아?"라고 물으면 '저 옷을 내가 입으면 예쁠까?'라는 뜻이고, "한 명뿐인 동기가 출장 가서 요즘은 혼밥해"라고 고백하면 '요즘 외롭다'는 뜻이다.

물론 언제 어디서나 타인의 속마음까지 세세하게 헤아리며 대화할 수는 없다. 그러나 모든 이야기를 돈과 결부시켜버리면 말하고 싶은 마음이 점점 사라진다. 내가 이런 이야기를 하면 어떤 결과가 나올지 예측 가능하기 때문이다.

화성 이주 계획에 관한 기사를 읽고, "인류가 과연 화성에서 살아갈 수 있을까?"하고 물었는데 "돈을 벌어야 해. 돈만 있으면 충분히 살 수 있거든!"하고 대답한다면, 이런 사람과 더 이상 무슨 대화를 할 수 있겠는가.

대화가 좋은 이유 중 하나는 대화를 통해서 무언가를 배울 수 있다는 것이다. 인간은 현재보다 더 나은 미래를 꿈꾸며 살아가는 동물이기 때문에 인생철학이든 삶의 지혜이든 학문 지식이든 간에 배울 점이 있는 사람과는 자주 대화를 나누려 한다.

마당을 콘크리트로 덮어버리면 깔끔하고 편리하다. 하지만 식물이 자라지 않는다. 마음속에 프로크루스테스의 침대를 갖고 있으면 상대가 아무리 좋은 이야기를 해준들 소용없다. 그 이야기가 마음속에 뿌리를 내릴 수 없기 때문이다.

17세기의 대표 작가인 벨타사르 그라시안이모랄레스는 "화술에 능한 사람은 상대의 의향을 살피면서 말한다"라고 했다. 남들이 뭐라 하든 내 식대로 해석하고, 내가 하고 싶은 말만 떠벌리는 건 대화라기보다는 오만이요, 횡포이다.

Chapter 3

적도 내 편으로 만드는 비결

친절한 말은 짧고 말하기 쉽지만
그 울림은 진정 끝이 없다.

_ 마더 테레사

상대방의 시간을 아끼고 존중해라

"날이 후텁지근하죠? 아, 제가 찾아온 이유는, 알아두면 우리 삶에 도움이 되는 정보를 하나 알려드리려고요. 삼 분만 시간을 내주세요! 아, 바쁘시군요. 그래도 삼 분이면 충분합니다. 지금이 다섯 시 이십 분이니까 다섯 시 이십삼 분까지만 말씀드리겠습니다."

"모두, 잠깐만 여기를 주목해주세요. 제가 삼 분 동안만 여러분께 드릴 말씀이 있습니다. 하던 일을 중단하고 모두 제 말에 집중해주세요. 더도 말고 삼 분이면 됩니다!"

살아가면서 느끼는 불안감과 짜증은 불확실성으로부터 온다.

출근길에 전동차가 갑자기 멈춰 섰는데 안내 방송이 없으면 극도로 불안해진다. 업무는 밀렸는데 사장이 회의를 소집해놓고, 정신교육을 시킨답시고 한 시간 가깝게 붙잡아두면 불안과 함께 짜증이 밀려온다. 배고파 죽겠는데 배달 음식은 시킨 지 30분이 지나도록 오지 않고, 전화를 해도 받지 않으면 울컥 짜증이 치민다.

이 모든 현상은 우리가 시간 속에서 살아가기 때문에 생기는 현상이다. 직장을 그만두고 인도나 라오스 같은 곳으로 여행을 가면, 처음에는 그동안 살아왔던 습관 때문에 절로 쫓긴다. 그러다 여행자의 삶에 점차 익숙해지면서 시간의 흐름에 대해서 관대해진다. 한 시간씩 버스가 오지 않아도 그러려니 한다.

대도시에서 한정된 시간을 쪼개가며 숨 가쁘게 살아가는 현대인들은 시간 흐름에 민감하지 않을 수 없다. 특히 불확실한 사건으로 인해 내 시간이 헛되이 사용되는 것에 대해서는 거의 병적으로 반응한다.

"우리 전동차는 앞차가 먼저 지나가는 관계로 이 분간 정차한 뒤 출발하겠습니다."

"직원들의 잦은 실수로 고객의 불만이 이만저만이 아닙니다. 사장님께서 세 시부터 네 시까지 정신교육을 할 예정입니다."

"손님, 죄송합니다! 주문이 밀린 관계로 음식이 십오 분 정도 늦을 것 같습니다."

불확실성이 해소되면 불안감도 짜증도 대부분 사라진다.

리더로서 직원들에게 꼭 할 말이 있든, 거래처 직원에게 해야 할 중요한 이야기가 있든, 세일즈맨이 고객에게 물건을 팔려고 하든, 투자자에게 투자를 권유하든지 간에 중요한 이야기를 할 때는 미리 시간을 정해놓고 하는 게 좋다. 그 시간은 짧을수록 좋다. 만일을 대비해서 넉넉하게 잡아놓으면 방어기제가 발동해서 거절해버린다.

1분 안에 효과적으로 전달할 수 있다면 그보다 좋은 건 없다. 그러나 다소 무리라면 3분을 잡아라. 3분은 담배 한 대 피우는 시간, 화장실 한 번 다녀올 정도의 시간에 불과하다. 아무리 바빠도 이 정도의 여유는 있는 데다 이마저 거부한다면 인색하다는 인상을 줄 수 있으므로 허락해준다.

  3분만 말하겠다고 했다면 그 시간 안에 하고 싶은 이야기를 끝내는 게 좋다. 물론 상대방의 관심을 확 끌게 된다면 시간을 좀 더 써도 상관없다. 내가 상대방의 예상보다 짧은 시간을 요구했을 경우 상대방의 마음은 관대해진다.

  그러나 모두가 그렇지는 않다. "삼 분만 말씀드리겠습니다" 하고 말하기 시작하면 개중에는 정말로 시계를 보며 시간을 재는 사람도 있다.

  독일 출신의 지휘자 크리스토프 에셴바흐는 이렇게 말했다.

  "시간을 지배할 줄 아는 사람이 인생을 지배할 줄 아는 자다."

  소통하는 대화를 나누고 싶다면 상대방의 시간도 내 시간처럼 아껴서 써야 한다.

말하는 즐거움을 넘겨줘라

"스컬리, 나예요."

"멀더, 지금 어디 있어요?"

FBI 사건 파일 넘버 'X'로 시작하는, 외계인을 비롯한 각종 음모와 초자연 현상을 파헤친 〈엑스파일〉은, 미국에서 1993년에 처음 방영되어 2002년까지 9부작을 방영할 정도로 흥행에 성공했다. 국내에서는 1994년부터 방영되어 시청자들로부터 큰 사랑을 받았다. 영화로도 두 편이나 나왔고, 종영된 지 14년이 지난 2016년에는 시즌 10이 방영될 정도로 여전히 두터운 팬 층을 확보하고 있다.

FBI 요원 멀더는 감성적인 반면 스컬리는 이성적이다. 두 남녀가 주인공이지만 드라마의 주제에 어울리는 진정한 주인공은 감성적인 멀더라 할 수 있다. 스컬리는 초자연 현상을 믿는 멀더에게 반론을 제기함으로써, 시청자들로 하여금 초자연 현상을 자연스럽게 받아들이게 하는 캐릭터다. 한마디로 멀더를 돋보이게 하는 역할이라 할 수 있다.

위의 대사는 두 사람이 통화할 때 가장 많이 등장하는 대사다. 두 사람의 캐릭터와 드라마의 성격이 간단한 대사 몇 마디에 고스란히 압축되어 있다.

"스컬리, 나예요"라는 멀더의 말은 지극히 평범하다. 통화할 때 누구나 하는 말이다. 하지만 스컬리의 "멀더, 지금 어디 있어요?"라는 물음으로 인해, 이 드라마는 미스터리 드라마이며 진정한 주인공이 바로 멀더임을 알게 된다.

사람들은 누구나 '주인공'을 꿈꾼다. 내 인생의 주인공이 되고 싶고, 세상이라는 무대에서 주인공으로 화려하게 살아가기를 소망한다.

일할 때는 물론이고 대화할 때도 멋진 말로 좌중을 휘어잡아서, "와, 멋있다!" 하는 사람들의 탄성이 담긴 시선을 받고 싶어 한다. 그래서 대다수가 시청자를 대변하는 스컬리보다 미지의 세계로 파고드는 멀더 역할을 원한다.

그러나 소통하는 대화를 나누고 싶다면 멀더보다 스컬리가 되어야 한다. 멀더가 되면 몇 사람의 마음을 사로잡지만 스컬리가 되면 수많은 사람의 마음을 사로잡을 수 있다. 멀더가 되려면 깊은 지식이 있어야 하지만 스컬리가 되는 건 그리 어렵지 않다.

대화 도중 스컬리가 묻듯이 눈을 크게 뜨고, 평상시보다 목소리를 높여라.

"그래서 어떻게 됐어요?"

이 한마디면 충분하다. 그러면 이야기를 하던 상대방은 멀더가 된, 즉 주인공이 된 기분에 사로잡힌다.

이야기를 빛나게 하는 건 이야기 자체가 아니라 상대방의 반응이다. 아무리 멋진 이야기도 상대방이 듣는 둥 마는 둥 하면 시시한 이야기로 전락한다. 반대로 아무리 시시한 이야기일지라도 상대방의 호응이 좋으면 빛이 난다.

중국 고전《열자》에 '지음(知音)'이라는 말이 나온다.

고향에 사신으로 가게 된 거문고의 달인 유백아는 휘영청 밝은 달 아래 거문고를 뜯는다. 나무꾼인 종자기는 그의 연주를 듣고 진심으로 감탄하고, 두 사람은 의형제를 맺는다.

이듬해 유백아가 다시 찾아가니 종자기는 이미 죽은 뒤다. 종자기의 묘 앞에서 마지막 연주를 한 유백아는 줄을 끊고 거문고를 박살낸다. 자신의 음을 알아주는 친구가 세상을 떠났으니 더 이상의 연주는 의미가 없다는 것이다.

'지음'은 인정받고 싶어 하는 인간의 욕망이 얼마나 큰지를 잘 보여준다. 아무리 신분이 높은 재력가여도 자신의 말을 무시하고 업신여기면 반감을 느끼고 등을 돌린다. 그러나 신분이 낮을지라도 자신의 이야기에 귀를 기울여주고, 자신의 장점을 인정해주는 사람과는 기꺼이 친구가 되는 게 인간이다.

세상의 주인공으로 살고 싶다면 대화할 때 주인공 역할을 상대방에게 넘겨줘라. 상대방은 잠시 말하는 즐거움을 얻을 것이요, 당신은 진정으로 원하는 걸 얻을 것이다.

'우리'라고 말할 때는 진심을 담아라

박 과장은 골프에 입문한 지 1년밖에 되지 않았다. 접대 골프로 시작했는데 실력이 급격히 늘어서, 이러다 프로로 데뷔하는 거 아니냐는 기분 좋은 소리까지 듣곤 한다.

언제부터인지 박 과장의 마음속에서는 전에 없던 승부욕이 타올랐다. 그러다 보니 접대 골프를 너무 잘 치는 바람에 상사에게 종종 욕을 먹곤 했다.

그날은 회사 동료와의 부담 없는 경기였다. 정 과장은 입문 4년 차지만 에버리지는 박 과장과 비슷했다. 정 과장이 웃으며 말을 건넸다.

"우리 한번 잘해봅시다!"

"네, 정 과장님! 한 수 가르쳐주십시오. 열심히 배우겠습니다."

박 과장도 웃으며 대꾸했지만 정 과장의 '우리'라는 말에 코웃음을 쳤다. 심심풀이 삼아 하는 것이지만 엄연한 내기 골프였다.

'우리 같은 소리하고 자빠졌네! 넌 오늘 죽었다!'

그날 박 과장은 신들린 듯이 쳤고, 최고 스코어를 갱신했다. 정 과장은 적지 않은 돈을 잃었음에도 끝까지 웃음을 잃지 않았다. 실력은 별로였지만 매너만큼은 그동안 겪어본 골퍼 중에서도 최고였다.

며칠 뒤 구내식당에서 만난 정 과장이 웃으며 말했다.

"우리, 날 잡아서 골프 한번 치러 가요."

박 과장은 순간, 알 수 없는 부끄러움을 느꼈다. 그의 친근한 말투와 눈빛을 보고, '우리'라는 말이 형식적으로 하는 말이 아니라 진심임을 깨달았기 때문이다.

'우리'라는 일인칭 대명사 속에는 '공동체'라는 의미가 담겨 있다. 좁은 의미로는 '우리 엄마', '우리 형', '우리 집' 같은 가족의 의미가 있고, 넓은 의미로는 '우리 마을', '우리 회사', '우리 민족' 등이 있다.

쓰임새가 다르기는 하지만 함께 사용해도 무방할 때는, '너'와 '나'보다는 '우리'를 쓰면 훨씬 친근감을 준다. 특히 단결이나 화합을 강조할 때 사용하면 효과적이다. 실제로 군인, 경찰, 공무원 등 국가직에 있는 사람들은 물론이거니와 심지어 조폭들까지도 빈번하게 사용한다. 또한 '나'를 사용해야 할 때 '우리'를 사용하면 배후에 세력이 있는 것 같은 느낌을 주기 때문에, 허세 부리기 좋아하는 사람들도 애용한다.

하지만 '우리'라는 말 속에 진심을 담아서 사용하는 사람은 많지 않다. 정말 '우리'라고 생각해서 사용하는 사람보다는 너는 너고 나는 나지만, 뭔가 있어 보이기 위해서 '우리'를 사용하는 사람이 대다수다.

'우리'라는 말은 '한솥밥을 먹는 식구', '믿을 수 있는 사람' 등의 의미로도 해석이 가능해서 귀를 즐겁게 한다. 특히 빈말만 일삼는 사람보다는 말과 행동이 일치하는 사람이 사용할 때 빛난다.

"우리 같이 나릅시다!"

사장이나 부장이 직접 자재창고에 내려와서 소매를 걷어붙이고, 부하 직원과 함께 자재를 나르면 '우리'라는 느낌이 제대로 가슴에 와닿는다.

정신분석가 디오도어 루빈은 이렇게 말했다.

"행동은 말보다 진실을 잘 나타내게 마련이다."

사람의 마음을 움직이는 건 말이 아니라 행동이다. 품격 있는 말은 품격 있는 행동을 통해서 빛을 발한다.

관심을 기울이면
마음의 문이 열린다

인간의 뇌가 일을 처리하는 데는 몇 가지 우선순위가 있다.

생존을 위한 식사, 안정적 삶을 위한 일, 종족 번식을 위한 결혼, 현재와 미래를 위한 재산, 평화로운 삶을 위한 가족, 타인으로부터 인정받을 수 있는 명성, 자아실현을 위한 꿈 등이 우선순위에 속한다.

이들의 공통점은 모두 '나'와 관련되어 있다는 것이다.

이처럼 인간의 뇌는 나만의 세계에 푹 빠져서 하루를 소비한다. 나에 관한 생각을 하지 않을 때는 나의 즐거움을 위해서 대부분의 시간을 사용한다.

개인용 컴퓨터가 세상에 나오면서 미국의 정책 입안자들은 정보의 차이로 인한 빈부 격차를 우려했다. 그래서 컴퓨터를 구입할 수 없는 빈곤층 아이들에게 무료로 컴퓨터교육을 시키고, 무상으로 컴퓨터를 공급하는 법안을 만들기도 했다.

그러나 세월이 흐르면서 그것은 한낱 기우였음이 드러났다. 인간의 뇌는 '무한한 가능성'을 지닌 컴퓨터를 엔터테인먼트화하여 놀 거리로 이용했다. 세월이 흐른 뒤 조사한 결과, 오히려 상류층보다 빈곤층에서 컴퓨터 사용 시간이 긴 것으로 드러났다.

인간의 뇌는 이처럼 '나'만을 위해서 움직인다. 나에 대한 특별한 걱정거리가 없으면 취미생활을 하거나, 포탈에서 좋아하는 기사를 찾아 읽거나, SNS 등을 하며 자신의 즐거움을 위해 시간을 사용한다.

일찍부터 뇌의 본질을 꿰뚫어 본 아일랜드 작가 오스카 와일드와 영국의 정치가 벤저민 디즈레일리는 각각 이렇게 말했다.

"사람들은 자기와 상관없는 화제에 대해서 말할 때는 지루해하지만, 정작 자기 자신에 관한 것을 말하기 시작하면 대부분 신이 날 정도로 흥미를 갖는다."

"상대방의 일을 화제로 삼는다면 상대는 몇 시간이든지 귀를 기울여줄 것이다."

인간은 굶주린 이웃, 버려진 동물들, 세계 평화 등에도 관심을 갖지만 정작 '나'에 관한 관심과 비교한다면 태양 앞의 반딧불이라고 할 수 있다.

그러나 소통하는 대화를 원한다면 사람을 만나자마자 "내가 요즘 말이지" 하는 식으로 나에 관한 이야기부터 꺼내지 마라. 물론 '나'에 관한 이야기를 하고 싶은 건 당연하다. 비록 그것이 자연스러운 본능일지라도 일단 상대방의 안부부터 물어라.

"얼굴이 예전보다 좋아지셨어요! 그동안 무슨 좋은 일이라도 있었나요?"

"요즘에도 자전거 타고 자주 나가세요?"

"참, 지난번 일은 잘 마무리됐나요?"

'나' 위주로만 살아왔던 나이기에 상대방이 무심한 듯 한마디 툭 던진 말이 은은한 감동으로 다가온다.

그리 친하지 않은 사람이 친근한 말투로 지난번 만남을 상기시키면서 그동안의 안부를 물어오면, '어? 나에게 이렇게까지 관심이 있었나?' 하는 생각이 들면서 사람이 새롭게 보인다.

인간은 험한 세상을 살아가기 위해서 강한 척하지만 실상은 나약하고 외로운 동물이다. 상대에게 먼저 관심을 가져주면 닫혀 있던 마음의 문이 스르르 열린다.

경청은 소통의 시작이다

인류는 수많은 전쟁을 치러왔고, 여전히 지구촌 곳곳에서 전쟁이 계속되고 있다.

그리스의 철학가 투키디데스는 "인간은 명예, 공포, 이익 때문에 전쟁을 한다"라고 했다. 세월이 흐르면서 '이익'으로 인한 분쟁이 점점 늘었지만 근본 원인만큼은 변화가 없다.

우리의 삶도 자세히 들여다보면 전쟁터다. 처음에는 대화로써 분쟁을 해결해보려 하지만 살되지 않으면 폭력으로 이어진다. 학교 폭력은 예사이고, 분위기 좋은 카페에서 차를 즐기다가 머리채를 붙잡기도 하고, 생방송 토론 도중 주먹질을 하는 추태를 연출하기도 한다.

명예나 이익이 걸린 문제에 대해서는 누구나 민감해질 수밖에 없다. 혹시라도 손해 볼까 봐 자기 입장을 먼저 말하려 언성을 높이고, 상대방의 말을 중간에 가차 없이 끊어버린다.

"내 말부터 먼저 들어보세요!"

"그게 아니고, 사실은 어떻게 된 거냐 하면……."

하지만 이런 식의 대화로는 분쟁이 해결되지 않는다. 의견이 충돌하는 순간, 혹은 상대방이 내 의견을 거절하거나 무시하는 순간 감정이 대화를 주도하게 된다. 그때부터는 문제 해결이 아닌, 오르지 이기는 게임에만 집착한다.

설령 이기는 게임에서 승리한다고 해도 통쾌함은 그 순간뿐이다. 근본적인 문제점은 여전히 상존하기 때문이다.

급할수록 돌아가라는 말도 있지 않은가. 마음이 조급할지라도 일단 상대방의 말을 차분히 경청할 필요가 있다. 상대방이 말을 길게 할수록 정보가 많아지니 대응전략을 세우기도 좋고, 심리적으로도 유리한 고지를 점할 수 있다.

협상 전문가는 상대방으로 하여금 말을 충분히 하도록 유도한다. 그래야 상대가 진짜로 원하는 것이 무엇이고, 어떤 쪽으로 접근해야 해결책이 나올지 알 수 있기 때문이다.

"박 대리의 생각과 입장을 말해보세요."

"제 생각은 이렇습니다. 오 부장님 생각은 어떠십니까?"

서로가 상대방의 말을 들으려는 기본 마인드를 갖고 있다면 소통하는 대화를 통해서 문제를 해결할 수 있다. 한쪽이 다소 유리하게 협상했더라도, 인간은 자신이 내린 결과에는 순응하는 경향이 있기 때문에 서로가 만족할 만한 협상이었다고 자평하게 마련이다.

사실 웬만한 문제는 상대방의 이야기를 들어주는 것만으로도 해결된다. 외부적으로 드러난 불만은 각양각색일지라도, 근본적 문제는 답답한 마음을 누구 하나 공감해주지 않는 데 있다.

특히 불평불만 같은 경우에는 인내심을 갖고 경청할 필요가 있다. 상대방이 차분하게 들어주면 답답한 속이 풀리면서, '내가 하는 말은 반드시 개선해야 하시만 문제점이 없는 회사는 없다'는 생각을 동시에 하게 된다.

비즈니스의 거장이자 경청의 대가로도 널리 알려진 메리케이의 설립자 메리 케이 애쉬는 이렇게 말했다.

"충분히 오래 들으면 상대방은 대개 좋은 해결책을 알려주게 마련이다."

제대로 듣기는 소통하는 대화를 위한 기본자세이자, 문제 해결을 위한 결정적 비결이다.

표정과 몸짓은
전달력과 이해력을 높여준다

모 기업에서 신입 사원을 뽑을 때 참관한 적이 있다. 패기 넘쳐야 할 지원자들이 하나같이 두 손을 모은 채 부동자세로 대답했다. 마치 말하는 인형을 보고 있는 느낌이었다. 왜 제스처를 취하지 않느냐고 물으니 취업 학원에서 배운 자세라고 했다.

틀로 찍어낸 것만 같은 똑같은 몸짓을 보면서, 한국 기업들이 활발한 사람보다는 조용한 사람을, 열정적인 사람보다는 조직에 순응하는 사람을 우선시한다는 인상을 받았다.

세계 최초의 대통령 선거 TV토론 주자는 케네디와 닉슨이다. 1960년 9월 26일, 패기의 케네디와 노련한 닉슨이 시청자들 앞에 섰다. 라디오로 토론을 들은 시민들은 논리적인 닉슨이 잘했다고 평했지만 TV 시청자들은 케네디의 손을 들어주었다. 젊은 케네디의 다양한 표정과 제스처가 그들의 눈과 귀를 사로잡았기 때문이다.

동양인은 대화할 때 제스처를 거의 사용하지 않지만 서양인은 다양한 제스처를 사용한다. 동양은 속마음을 감추는 문화인 반면, 서양은 그대로 드러내는 문화이기 때문이다.

KBS1의 〈전국노래자랑〉은 1980년 11월 첫 방송을 시작했으니 40년 가까이 된 장수 프로그램이다. 예심을 통과하려면 노래 실력은 물론이고, 표정이 풍부하고 몸짓이 활발해야 한다. 박힌 못처럼 제자리에 서서 노래하는 사람은 귀가 번쩍 뜨일 정도의 실력자가 아니라면 예선을 통과할 수 없다. 시청자들에게 즐거움을 주려면 일단 나부터 즐거워야 한다.

강사가 넓은 무대 위에 가만히 서서 무표정하게 말하면, 아무리 신나는 이야기를 해도 왠지 모르게 슬픈 느낌을 준다. 명강사들은 다양한 표정과 풍부한 몸짓을 갖고 있다. 그래야 말하고자 하는 바를 효과

적으로 전달할 수 있기 때문이다.

몸짓에는 심리가 감춰져 있다. 한창 이야기하는데 고개를 빠르게 끄덕이면 '지루해, 이제 대충 끝내줘!'라는 요구이고, 목을 긁적이면 '그 말 사실이야? 믿기지 않은데'라는 의미이다. 대화 도중 팔짱을 끼고 있으면 '난 당신 생각에 동조하지 않아'라는 뜻이거나, '난 당신보다 우월한 사람이야!'라는 과시 내지는 허세이거나, '배가 너무 많이 튀어나와서 신경이 쓰여'라는 의미로 해석할 수 있다.

대화의 달인들은 때와 장소에 따라 다양한 제스처를 취한다. 어린 아이와 대화할 때는 다소 과장되게, 기쁜 대화를 할 때는 활발하게, 슬픈 대화를 할 때는 신중하고 천천히, 가까운 거리에서 대화를 나눌 때는 위화감을 줄 수 있으니 작은 제스처를 취한다.

몸짓도 언어다. 말로 설명하는 것보다 몸짓을 적절히 사용하면 전달력이 높아진다. 특히 강연이나 프레젠테이션을 할 때는 적절한 제스처를 취하는 게 좋다.

표정 변화나 제스처 없는 상태에서 이야기가 길어지면 졸음이 밀려온다. 수업 중에 학생들이 꾸벅꾸벅 존다면 수면 부족 때문이라기보다는 선생님 때문인 경우가 대부분이다. 목이 쉬었거나, 혹은 쉴까 봐 저음으로 별다른 제스처 없이 수업을 진행하면 가만히 앉아 있는 학생들의 귀에는 자장가로 들릴 수밖에 없다.

제스처는 듣는 사람에게도 필요하다. 한창 신나게 이야기하고 있는데 무표정한 얼굴로 가만히 듣고만 있으면 '내 이야기가 재미없나?'라는 의심을 품게 된다. 리액션은 말하는 사람의 기를 살려주고, 이야기의 풍미를 더해준다.

대화란 마음을 주고받기 위한 수단이다. 적절한 몸짓은 전달력과 이해력을 높여준다. 또한 상대방의 표정이나 몸짓을 따라 하다 보면 공감 능력까지 높아진다.

칭찬은 나를 빛나게 한다

"만날 때마다 드는 생각인데, 재성 씨는 목소리가 참 좋아요!"
"오늘도 일찍 출근했네. 그러고 보면 이 대리는 정말 부지런해!"
"이 집이 오늘 개업일인 걸 어떻게 알았어? 연우 씨는 정보도 빨라. 눈치가 빠르면 절에 가서도 젓갈을 얻어먹는다는 속담도 있는데, 어딜 가도 인정받을 거야."

인간이 칭찬을 좋아하는 이유는 인정받고 싶은 욕구 때문이다.

그리스 신화에 등장하는 파에톤은 태양신 헬리오스의 아들이다. 파에톤은 혼외정사로 태어났지만 태양신의 아들임을 자랑스러워한다. 그러나 동네 친구들이 그를 거짓말쟁이라고 놀리자, 아버지를 찾아간다. 헬리오스는 자신의 자식임을 인정하며 한 가지 소원을 말해보라고 하고, 파에톤은 태양신의 마차를 한 번만 몰게 해달라고 부탁한다.

태양 마차를 모는 일은 위험한 일이었지만 헬리오스는 약속을 들어주겠노라고 맹세했던 터라 아들의 소원을 들어준다. 파에톤이 마차에 오르자 평상시보다 무게가 가벼운 걸 느낀 네 마리 말은 하늘 높이 올랐다가 땅 가까이 다가가며 제멋대로 날뛴다. 그 바람에 에티오피아인의 피부가 검게 타버리고, 사막이 생겨난다.

보다 못한 제우스는 더 이상의 피해를 막기 위해 파에톤에게 번개를 던져 죽이고 만다. 이 일로 인해 헬리오스는 태양신의 자격을 잃게 되고, 제우스의 아들인 아폴론이 태양신의 지위를 물려받는다.

파에톤 콤플렉스는 프로이트의 제자인 심리학자 메리즈 쇼아지가 최초로 언급했다. 그는 자신의 환자들을 유심히 살펴본 결과, 사생아로 태어난 환자들에게서 공통적으로 느끼는 불안감과 자책감을 발견하고 '파에톤 콤플렉스(Phaethon Complex)'라 명명했다.

파에톤 콤플렉스는 어린 시절 겪은 애정 결핍에 의해 지나치게 부모나 타인한테 인정받고 싶어 하는 강박증을 설명할 때 인용된다. 재능이 탁월한 소수의 사람은 파에톤 콤플렉스로 인해 높은 성취를 이루기도 하지만, 다수의 범인은 인정받고 싶어 하는 욕구 때문에 능력 이상의 성취를 이루려다 실패하는 삶을 살게 된다고 한다.

유아기적의 애정 결핍 여부를 떠나서, 인정받고 싶은 욕구는 인간의 기본욕구다. 매슬로우의 5단계 욕구 중 '자기 존중의 욕구'에 해당된다.

생리학적으로도 칭찬을 받으면 뇌에서 도파민이 분출되어 기분을 좋게 한다. 칭찬은 고래도 춤추게 한다고 하지 않던가.

인간은 누구나 복합적인 면을 지니고 있다. 장점만 지닌 사람도 없고, 단점만 지닌 사람도 없다. 어떤 면을 바라보느냐는 그 사람의 성향에 달려 있다. 대개 인생을 비관적으로 바라보는 사람은 단점을 보고, 낙관적으로 바라보는 사람은 장점을 본다.

　칭찬을 해준다는 것은 결국 '당신 참 괜찮은 사람이야!'라는 인정이요, '나는 세상을 긍정적으로 바라보는 사람이다'라는 고백이다. 그래서 칭찬은 받는 사람은 물론이고, 하는 사람마저도 기분 좋게 만드는 효과가 있다.

　독일의 대문호 요한 볼프강 폰 괴테는 이렇게 말했다.

　"다른 사람의 좋은 점을 발견할 줄도 알아야 하고, 칭찬할 줄도 알아야 한다. 그것은 그 사람을 자기와 동등한 인격으로 생각한다는 의미다."

　칭찬은 상대방을 빛나게 함과 동시에 나를 빛나게 한다.

공감해주는 사람이 진정한 친구다

오 부장은 그날도 평상시처럼 출근했지만 가슴이 답답했다.

퇴직은 5개월 전에 확정된 상태였다. 회사에서는 다른 일자리를 알아보라며 6개월의 유예 기간을 주었다. 어느새 5개월이 지났으니 회사에 출근할 날도 한 달밖에 남지 않은 셈이었다.

아직까지는 마음의 준비가 덜 된 건지, 나이가 어정쩡한 건지 새롭게 시작할 마땅한 일이 눈에 띄지 않았다. 사무실을 나와서 배회하다 보니 설친한 친구인 B와 K가 생각났다.

오 부장은 잠시 망설이다가 B를 찾아갔다. 아내에게도 하지 못했던 속마음을 한참 털어놓으니 속도 후련해지고, 머리도 한결 맑아졌다.

'그래, 내가 이 길로만 다녀서 이 길에 익숙해져서 그래. 찾아보면 어딘가 내가 걸어갈 또 다른 길이 있을 거야!'

회사로 들어가던 오 부장은 문득, 한 가지 이상한 점을 발견했다. 돌이켜보니 친구로 지낸 지 40년 가까운 세월 동안, 고민이 있을 때면 항상 B를 찾아갔던 게 아닌가.

'대체 이유가 뭘까?'

B를 만났을 때부터 헤어지기 전까지의 모든 상황을 돌이켜보고 나서야 오 부장은 비로소 깨달았다. K에게서는 찾을 수 없는 작은 능력이 B에게 있음을…….

인생을 두 번 사는 사람은 아무도 없다.

초행길은 아무래도 서툴고 불안할 수밖에 없다. 내가 제대로 가고 있는지, 엉뚱한 곳에서 방황하고 있는 건 아닌지, 골목에서 뭐가 불쑥 튀어나오는 것은 아닌지…….

인생도 마찬가지다. 나름 목표를 갖고 열심히 살아왔다 해도, 내가 제대로 살고 있는 건지 불안해질 때가 있다. 이럴 때 친구와의 대화는 적잖은 마음의 위로가 된다. 유사한 경험을 하며 같은 시대를 살아와서, 공감이 쉽기 때문이다.

"그래, 나 같아도 참 답답할 거 같아."

"저런 큰일 날 뻔했네! 어디 다친 데는 없고?"

"네가 그렇게 말하니 나도 힘이 난다. 나도 요즘 힘든데 가장이다 보니, 나만 바라보고 있는 가족들에게 말도 못 하겠고…… 우리 나이 때가 그런 시기인가 봐."

공감에는 특별한 기술도 필요 없다. 물론 적절한 리액션이 가미된다면 좋다. 하지만 그보다 우선되어야 할 것은 마음을 활짝 열고 받아들이겠다는 자세다.

인간은 공감하는 능력이 탁월한 동물이다. 누구나 한 번쯤 영화나

드라마, 혹은 소설에 심취해서 주인공과 함께 울고 웃은 경험이 있지 않은가.

　태생적으로 나만 아는 이기적인 유전자를 갖고 있는 우리이지만 타인의 세계에 관심을 기울여야 한다. 아전인수격으로 모든 이야기를 끌어다가, 나의 사정에 맞춰서 해석하고 받아들이면 안 된다. 그것은 대화의 품격을 떨어뜨리고, 인간의 품격을 떨어뜨린다.

　오스트리아의 심리학자 알프레드 아들러는 "타인의 일에 관심을 갖지 않는 사람은 고난의 인생길을 걷지 않으면 안 되는데, 타인에게도 커다란 폐를 끼친다"라고 경고했다.

　물론 내 삶만으로도 벅차다. 비록 내 삶이 지치고 고달플지라도 상대방이 진지한 이야기를 할 때면 마음의 문을 열어라. 마음의 문은 열면 열수록 넓어진다.

정보가 정확하면 불확실성이 해소된다

"도대체 당신 어젯밤 누구랑 어디에 있었기에 전화를 받지 않은 거야?"

"친구랑 술 마셨어."

"친구 누구?"

"당신 모르는 사람이야. 군대 동기인데 우연히 만나서 한잔했어."

"그런데 왜 전화를 안 받아?"

"안 받은 게 아니라 술집이 시끄러워서 전화 온 걸 몰랐다니까!"

여러 정황상 남편이 여자하고 술 마신 건 분명한데 아니라고 발뺌할 경우, 아내는 바람 피웠다고 확신한다. 하지만 남편의 입장은 또 다르다. 이성적인 감정을 오래전에 초월한 동창생하고 술을 마셨는데 아내에게 전화가 와서, 거짓말하기도 그래서 안 받았을 뿐이다. 뒤늦게라도 진실을 고백하면 되는데 아내가 기분 나빠할까 봐 대충 얼버무리려고 하면, 아내의 의혹은 점점 눈덩이처럼 커진다.

대화의 목적 중 하나는 정보 전달이다. 정보가 정확히 전달되어야만 생각과 입장을 정리해서 해결 방안을 찾을 수 있다.

정보가 부족하면 주어진 증거를 근거로 추측할 수밖에 없다. 감정이 고조된 상태에서의 추측이 이성적일 리 없다. 뇌는 만약의 사태에 대비해서 최악의 상상을 하기 때문에 상대방으로 하여금 추측하도록 방치해두어서는 안 된다.

제대로 된 정보를 제공하지 않으려는 사람은 거짓말쟁이거나 다른 꿍꿍이가 있기 때문이다. 직원으로서도 최악이지만 연인으로서도 최악이다.

"왜 매일 늦는 건데? 지난번에도 말 같지 않은 이유로 한 시간이나 늦었잖아?"

약속 시간에 늦었다면 그 이유를 상대방에게 사실대로 알려주어야 한다. 변명하기 싫다고 말하지 않는 사람도 있는데, 자신의 입장을 옹호하기 위해서 말을 끌어다 붙이기 때문에 변명이 되는 것이다. 사실 그대로를 알려주면 된다.

'갑자기 그분이 실종됐어요. 제가 싫어서 잠수 탄 거니까 저도 마음을 정리해야겠죠?'

연애 사이트에 자주 올라오는 물음이다. 교제를 하다가 개인적으로 무슨 일이 생겼다면 상대방에게 알려주는 게 예의다. 그래야만 사실과 동떨어진 상상을 하며 가슴앓이하는 비극을 막을 수 있다.

개인이든 기업이든 정확한 정보를 제공하면 신뢰지수가 높아진다. 폭스바겐은 배출가스 저감 장치 조작 사건으로 오랜 세월에 걸쳐서 쌓아온 신뢰와 평판을 모두 잃었다. 소비자는 기업이 투명하게 정보를 제공해주기를 원한다. 그런데 오히려 소비자를 속였으니 분노를 사는 게 당연하다.

평상시 말수가 적은 사람일지라도 오해의 소지가 있는 부분에 대해서는 사실을 말해야 한다. 진실을 밝히기 껄끄러운 부분이 있다 하더라도 사실을 말하면 크게 문제되지 않는다.

'호미로 막을 것 가래로 막는다'는 속담이 있다. 처음부터 제대로 정보를 제공했다면 간단히 해결될 문제인데, 감추려다가 발각되어 사태를 키우는 경우가 종종 있다.

"나는 너를 좋아해. 하지만 지금 내 처지에서는 공부가 우선이야. 취업할 때까지만 우리 휴지기를 갖자."

내가 먼저 정확한 정보를 제공하면 상대방도 정보를 내놓게 되어 있다. 정보와 정보를 서로 취합해서 최선의 방안을 찾아가는 것이 소통하는 대화다.

{ **인간은
실수하는 존재다**

  H 기업에서 실제 있었던 일이다. 제품관리부 신입 사원으로 입사하고 얼마 지나지 않아서 S는 큰 실수를 저질렀다.
  '아, 이제 해고되는구나!'
  눈앞이 깜깜했지만 사고 수습을 해야겠기에 직속 상사에게 보고했다. 예상 외로 상사는 몇 마디 주의만 줄 뿐 크게 개의치 않았다. 그로부터 얼마 뒤, S는 다른 부서로 옮겼다.
  세월이 흘러서 S는 제품관리부 부장으로 발령을 받았다. 보고서를 면밀히 검토하던 중 예전에 자신이 했던 실수가 여전히 반복되고 있음을 발견하였다. S는 같은 실수의 반복을 막기 위해 사내 인터넷망에다 실수 공유 사이트를 개설하였다.
  한동안은 글이 올라오지 않았다. 회사 차원에서 실수 공유를 장려하는 분위기를 조성해갔고, 큰 실수를 저지른 임직원에게 상패와 함께 격려금을 주었다. 실수를 공유하면 상을 받지만 감추다 발각되면 엄벌을 받는다는 인식이 널리 퍼지면서, 너도나도 실수 경험담을 올리기에 이르렀다.

인간은 누구나 크고 작은 실수를 저지르며 살아간다. 실수를 저지르고 나면 죽고 싶은 심정이 들지만, 불과 열흘만 지나도 내가 언제 그랬냐는 듯이 까맣게 잊어버린다.

뇌는 현재에 충실하다. 무수히 쏟아지는 새로운 정보를 처리하느라 분주하다 보니 지난 일에 대해서는 지나치게 관대하다. 그러다 보니 같은 상황에서 똑같은 실수를 반복한다.

누군가의 실수로 나에게까지 불이익이 올 경우, 비난하고 싶은 충동이 복받쳐 오른다. 물론 개인 대 개인이라면 솔직하게 감정을 표현하는 것도 괜찮다.

"나는 정하 씨가 똑같은 실수를 반복해서 기분이 몹시 불쾌해요. 이런 문제로 두 번 다시 언성을 높이지 않도록 유념해주었으면 해요."

감정 상태를 전할 때는 '1인칭'을 사용해야 한다. 감정이 격앙된 상태에서 '2인칭'을 사용할 경우 과거의 잘못을 끌어내거나 인신공격을 하게 될 확률이 높다.

개인의 실수는 사과가 우선이지만 회사 일인 경우에는 문제 해결이 우선이다. 부하 직원의 실수는 상사에게 불이익을 준다. 상사 입장에서는 기분 좋을 리 없다. 그렇다고 해서 비난에 집중하다 보면 실수 원인이 파묻혀버린다. 상사의 언성이 높아지고 비난을 받으면, 방어기제가 발동해서 진실 규명보다는 변명으로 일관하게 된다.

1 : 29 : 300의 법칙이 있다. '하인리히 법칙'이라고도 부르는데, 사

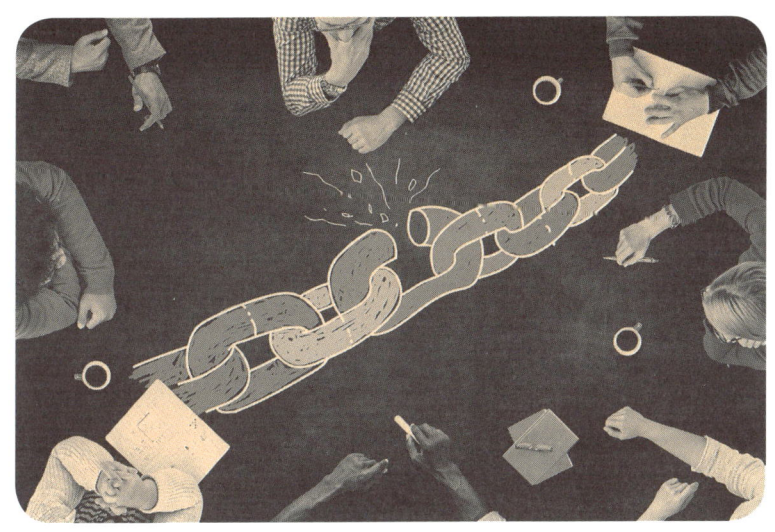

상자가 1명 나오면 그 전에 같은 원인으로 발생한 경상자가 29명, 같은 원인으로 부상을 당할 뻔했던 잠재적 부상자가 300명이 발생한다는 이론이다. 결국 대형 사고란 우연히 일어나는 것이 아니라, 사소한 실수를 규명하지 않고 방치하기 때문에 빚어지는 결과물이다.

실수는 대개 상황이 낳는다. 실수를 보고받았을 때, 상사가 가장 먼저 해야 할 일은 '실수는 그 사람의 무능으로 인해 빚어진 일'이라는 고정관념에서 벗어나는 일이다. 고정관념에 사로잡혀 있다 보면 진실 규명은 뒷전이고 비난에 치우치게 된다.

똑같은 실수를 반복하지 않기 위해서는 실수를 낳았던 복합적 상황에 대한 올바른 이해가 우선되어야 한다.

"그때 상황을 상세하게 말해줄래요?"

"어떻게 하다 그런 생각을 하게 된 건가요? 그날은 평상시와는 다른 특별한 무슨 일이 있었나요?"

"비난하려는 의도가 아니니까 솔직하게 말씀해주세요. 똑같은 상황이라면 어떻게 행동하실 건가요?"

실수는 대형 사고에 대한 일종의 경고다. 현명한 사람들은 실수가 발생했을 때 상대를 비난하기보다는 사고 원인을 찾아서 해결하는 데 초점을 맞춘다.

미국의 작가이자 경영학자인 피터 드러커는 이렇게 말했다.

"실수를 안 해본 사람은 실수했을 때 이를 발견하고 신속히 수정하는 방법을 모른다."

실수 또한 삶의 일부분이다. '어떻게 이런 실수를 할 수가 있지?'라는 식으로, 삶을 벗어난 것처럼 생각해서는 실수를 바로잡을 기회를 놓친다.

{ **품어주고
안아주어라**

중소기업을 운영하는 K는 3년 동안 공들여서 신제품을 개발해 출시했다.

그런데 불과 3개월 만에 대기업에서 비슷한 제품을 헐값에 내놓았다. K도 울며 겨자 먹기 식으로 단가를 낮추는 한편, 특허침해에 대한 민·형사 소송을 걸었다.

승소하리라 확신했던 소송에서 어이없이 패하자 분한 마음에 잠도 오지 않았고, 입맛도 뚝 떨어섰다. K기 최초로 내놓은 신제품은 곧 새로운 기능을 갖춘 다른 제품에 밀려났다.

쏟아지는 반품과 함께 발행한 어음이 되돌아왔다. 돈을 마련하기 위해 몸부림쳤지만 역부족이었다. 부도가 나자 전화가 빗발쳤고, 빚쟁이들이 안방까지 들이닥쳤다.

K는 야반도주하여 강원도 산골로 들어갔다. 한적한 민박집에서 뒹

굴다가 가슴이 답답하면 강가로 나가 낚시를 했다.

하루는 낚시를 마치고 민박집으로 돌아오니 집안 분위기가 평상시와 달랐다. 중학생인 손녀가 실수로 할머니가 아끼는 안경테를 밟아서 부러뜨린 모양이었다. 손녀는 미안한 마음에 울음을 터뜨렸고, 이어서 할머니의 다정한 목소리가 들려왔다.

"괜찮아, 괜찮아! 몸만 안 다쳤으면 된 겨."

순간, K의 두 눈에서 후두두 눈물방울이 쏟아졌다. 한동안 정신없이 눈물 콧물을 쏟아내고 나니, 가슴에 돌덩이처럼 얹혀 있던 분한 마음이 거짓말처럼 사라졌다.

살다 보면 이런저런 일로 마음에 상처를 입는다.

사별, 질병, 실직, 실연, 파산 등과 같은 큰 사건 외에도 가족과의 말다툼 같은 사소한 일로 마음에 상처를 입기도 한다.

어렸을 때는 부모님이 상처 입은 마음을 위로해주지만 성인이 되어서 사회에 나가면 마땅히 위로해주는 사람도 없다. 절친한 친구에게 위로받기 위해서 마음을 털어놓지만 상투적인 위로나 같잖은 충고로 인해 오히려 상처 입기 십상이다.

현대인들은 옛 사람들에 비해서 위로가 서툴다. 제대로 위로하려면 경청을 통해서 충분히 공감해야 한다. 그런데 현대인들의 뇌는 무수한 정보를 처리하느라, 자기가 듣고 싶은 이야기만 듣는 경향이 있어서, 경청을 제대로 못하니 공감을 못 할 수밖에 없다.

그나마 비슷한 체험이라도 했으면 공감하기가 쉬운데, 세상이 워낙 빠르게 변해서 10년 차이만 나도 전혀 다른 세대 취급을 받으니, 부모

자식은 물론이고 삼촌과 조카 사이만 돼도 공감하기가 쉽지 않다.

거기다 '제멋대로 살기'를 존중하는 풍토여서 타인에게는 관심이 눈곱만큼도 없는, 공감 능력이 현저히 떨어지는 사람도 상당수다.

대화의 목적 중 하나는 상대방의 마음을 얻는 데 있다. 타인의 마음을 얻을 좋은 기회가 바로 위로다. 인간은 상처를 치료해준 사람을 쉽게 잊지 못한다.

위로를 잘하는 비결은 간단하다. '나는 항상 네 편'이라는 생각으로 말을 건네면 적절한 위로가 된다. "괜찮아, 괜찮아" 하고 다독이는 행위 또한 같은 원리다. 그 속에는 '나는 절대적으로 네 편이야!'라는 뜻이 숨어 있다.

사람들은 저마다 갈구한다. 누구라도 좋으니 내 편이 되어주기를.

누군가 심각한 표정으로 말을 시작하면 잡스러운 생각을 멈추고, 상대방의 이야기에 귀를 기울여라. 충분히 경청한 뒤, 따뜻한 위로의 말을 건넨다면 마음을 얻을 수 있다.

{ 결점은 결속력이 있다

　마케팅에서는 '신비주의전략'을 종종 사용한다. 파격적으로 신인 모델을 기용하고, 신제품의 정보를 출시 전까지 완벽하게 차단하고, 어떤 제품인지 알 수 없는 내용의 광고를 내보내기도 한다. 신비주의 전략의 기본은 '호기심'을 자극해서 제품에 대한 궁금증을 증폭시키는 데 있다.

　대인관계에서도 종종 신비주의전략을 사용한다. 하지만 치밀하게 작전을 짰거나 독특한 매력이 있는 경우가 아니라면 대개 실패한다. 인간의 본성상 타인에 대해서는 무심하기 때문이다.

　대화할 때 자신과 관련된 이야기는 일절 안 하는 사람도 있지만 자신과 관련된 이야기만 끝없이 늘어놓는 사람도 있다. 전자는 호감이 생기지 않아서 거리를 두게 되고, 후자는 피곤해서 피하게 된다.

　대화에도 중용의 미덕을 발휘해야 한다. 나에 관한 정보를 일체 노출하지 않는 것도 문제지만, 모든 걸 드러내는 것도 바람직하지 않다. 몇 차례 만난 사이라면, '저 사람은 대체 어떤 사람일까?' 하는 정도로 궁금증을 자아내는 게 좋다.

호기심도 어느 정도 정보가 있어야 생긴다. 일체의 정보가 없으면 궁금증 자체가 생기지 않는다. 공원에서 처음 만난 사람끼리 날씨 이야기를 주로 하는 까닭은 서로에 대한 정보가 없기 때문이다.

다른 사람의 마음을 열려면 내 마음부터 열어야 한다. 인간은 상호주의 원칙에 입각해서 살아가기 때문에 적절한 자기 노출이 필요하다. 심리학에서 자기 노출은 가족, 꿈, 실패담, 질병, 취미 등과 같은 나에 관한 사적인 정보의 공개를 의미한다. '나는 이런 사람인데, 너에 대해서 좀 더 알고 싶다'는 일종의 고백이다.

노련한 비즈니스맨들은 건강이나 가족에 대한 안부를 물은 뒤 비로소 업무 이야기를 시작한다. 일과 관련 없는 사생활을 알고 있다는 것은 그만큼 친밀하다는 의미이기도 하다.

극도로 자기 노출을 꺼리는 사람들도 있다. 그 이유는 제각각이다. 나와 관련해서는 딱히 내세울 게 없어서, 괜히 우울한 이야기를 꺼냈다가 분위기만 나빠질까 봐, 상대방이 내 이야기에 공감하지 못할까 봐 등등…….

이러한 추측은 우려에 불과하다. 막상 자기 노출을 하면 오히려 친밀도가 높아진다. 상대방의 비밀을 공유하는 데서 오는 동지의식, 남의 사생활을 듣기만 하고 내 사생활은 미처 오픈하지 못한 데서 오는 마음의 빚 때문에 각별한 사이로 느껴진다.

적절한 자기 노출은 대화의 품격을 높여준다. 자기 노출은 자기 자랑과 다르다. 그런데 같은 걸로 착각하는 사람도 적지 않다. 잘나가는 가족이나 투자 수익 등을 떠벌리는 건 자랑일 뿐이다. 잘난 체는 경쟁 우위에 서겠다는 마음에 뿌리를 내리고 있기 때문에 상대방의 마음을 상하게 하고 역효과를 불러온다.

18세기 프랑스의 모럴리스트이자 《성찰과 잠언》의 저자인 뤽 드 클라피에르 보브나르그는 "우리가 지닌 결점은 미덕과 마찬가지로 때로는 서로의 마음을 맺어주는 강한 끈이 되기도 한다"라고 했다.

결점은 감추려 할수록 커진다. 결점을 인정하고, 자기 노출을 통해서 밖으로 드러내면 더 이상 커지지 않는다. 오히려 인간적인 매력을 발산하는 계기가 되기도 한다.

세상에 결점 없는 인간은 없다. 없는 체하는 인간만 존재할 뿐이다.

원하는 말을 들려줘라

사회질서를 위해서 법이 존재한다. 하지만 세상은 시시각각 변화하며 흘러가기 때문에 모든 일을 법대로 처리할 수 없다. 공공질서를 해치지 않고 사회정의에 크게 어긋나지 않는 일들은 관습이나 당사자 간의 합의에 따라 해결하도록 되어 있다.

그러다 보니 책임 소재가 명확하지 않은 일이 대부분이다. 교통 법규마저도 어떻게 진술하느냐에 따라서 책임 범위가 달라진다. 접촉사고가 나면 가해자가 오히려 언성을 높이는 이유도 이 때문이다.

회사 일도 책임 소재가 불분명한 경우가 대부분이다. 팀장 이하 대다수가 직간접적으로 관여하는 프로젝트라 하더라도, 실패하면 부하직원이 문책을 당하는 경우가 허다하다. 실정이 이렇다 보니 책임질 일은 최대한 피하고, 설령 함께 일했더라도 자신의 결정적인 잘못이 아니면 책임을 타인에게 떠넘기려 한다.

리더가 지녀야 할 중요한 덕목 중 하나는 헌신이다. 자리만 꿰차고 있는 리더는 업무 전반에 대한 책임을 회피한 채 권한만 행사한다. 반면 존경받는 리더는 업무 전반에 대한 책임을 지고, 부하 직원들이 제 능력을 한껏 발휘할 환경을 제공한다.

자신 있게 추진하던 일이라도 벽에 막히거나 꼬이면 생각이 많아진다. 이러다가 자칫 잘못되어서 해고당하는 건 아닌가, 하는 두려움을 느끼게 마련이다. 이럴 때 나쁜 상사는 책임을 회피하기 위해서 말을 빙빙 돌리고, 좋은 상사는 가장 듣고 싶은 말을 해준다.

"걱정하지 말고 계속 진행해! 만에 하나 잘못되면 내가 책임질게."

말에는 책임이 담긴다. 부하 직원이 가장 듣고 싶은 말을 할 줄 아는 상사라면 신뢰할 수 있다.

세상은 미지의 정글이다. 아무리 철저히 사전 조사를 했더라도 앞으로 어떤 일이 발생할지 모르기 때문에 조심하고 또 조심할 수밖에 없다. 그러다 보면 결정적인 순간이 와도 주저하게 된다.

"여보, 하고 싶은 대로 해. 당신 뒤에는 내가 있잖아."

"실패해도 괜찮아. 우리가 있잖아. 두려워하지 말고 시작해봐."

가족의 따뜻한 격려는 세상을 헤쳐 나아갈 용기를 준다.

인간은 부모의 탯줄을 자르고 나오는 순간부터 혼자서 인생을 살아가야 한다. 그러나 세상을 살아가는 데 마음속에 기댈 느티나무가 한 그루 있는 것과 없는 것은 천지 차이다.

일할 때도 혼자 진행하는 것과 등 뒤에서 지켜봐주는 것과는 많은 차이가 있다. 무거운 책임을 기꺼이 나눠지는 일은 관심과 신뢰가 없으면 불가능하다.

책임을 회피하는 사람은 진정한 어른이 아니다. 그런 사람은 결코 신뢰할 수 없다. 신뢰를 쌓기 위해서는 먼저 마음을 열고, 헌신하는 자세를 보여줘야 한다. 내가 그의 마음속 느티나무가 되어주면 그 역시 내게 와서 느티나무가 되어주게 마련이다.

피터 드러커는 "내가 무슨 말을 했느냐보다 더 중요한 것은 상대방이 무슨 말을 들었느냐이다"라고 했다.

말은 내 생각을 효과적으로 전달하기 위한 수단이다. 이왕이면 다홍치마라고, 내 생각을 담아서 상대방이 가장 듣고 싶어 하는 말을 해줘라.

추임새는
상대방의 기를 살려준다

사물놀이나 판소리에는 추임새가 있다. 패거리나 고수가 추임새를 넣기도 하지만 구경꾼이 "얼쑤", "그렇지", "잘한다", "좋지" 하고 추임새를 넣으며 장단을 맞춘다.

추임새는 아무렇게나 막 던지는 말 같지만 들어가야 할 때와 들어가지 말아야 할 때가 분명하다. 추임새는 극이나 판소리의 흐름을 자연스럽게 연결하고, 신명을 돋우는 역할을 한다. 하지만 추임새를 잘못 넣으면 오히려 흐름이 끊기고, 흥이 식는다.

추임새는 경청과 공감의 결과다. 제대로 귀 기울여 듣고, 공연과 혼연일체가 되어야만 절로 어깨춤을 추면서 자연스럽게 추임새를 넣을 수 있다.

대화에도 추임새가 있다. 말하는 사람이 자신의 이야기가 재미있는지 궁금해할 때나 말을 계속해도 좋을지 긴가민가할 때 추임새를 넣어주면 확신을 갖게 된다. 또한 한창 이야기에 열을 올릴 때 추임새를 넣어주면 신명이 난다.

"맞아, 맞아!"

"와아! 나도 그 생각했는데!"

"대단하다!"

이런 정도의 추임새는 말하는 사람의 기를 살려주고 이야기에 신명을 돋워준다.

하지만 해서는 안 되는 추임새도 있다. 상대방이 특별한 경험담이나 여행담을 신나게 들려주는데, 장단을 맞춘답시고 이런 식으로 말하면 흥이 식는다.

"맞아, 나도 그런 경험이 있어! 아마 내 경험이 더 지독할걸?"

"물론 거기도 좋지! 하지만 그랜드캐니언에 비하면 태양 앞의 반딧불이야!"

인간은 타인의 이야기를 들으면서도 자신의 이야기를 하고 싶어서 입이 간질거리는 존재다. 눈치 없는 사람은 기어이 입안에 맴도는 말을 내뱉고 마는데, 생각났다고 해서 모두 입 밖으로 내뱉어서는 안 된다.

소통하는 대화란 요리와 같다. 훌륭한 요리사는 싱싱한 식재료와 온갖 양념을 갖고 있지만 하나의 요리에 모든 식재료를 사용하지도 않을뿐더러 온갖 양념을 넣지도 않는다. 요리의 고유 특성에 맞게끔 식재료를 엄선해서 사용하고, 양념도 꼭 필요한 만큼만 넣는다. 그래서 어떤 요리에는 풍성한 식재료와 양념이 사용되지만 어떤 요리는 지극히 간단한 식재료와 양념만이 사용된다.

대화 역시 마찬가지다. 상대방이 신이 나서 이야기하는데 추임새를 넣는답시고 '잘난 체'를 하는 건, 식재료와 어울리지 않는 양념을 듬뿍 뿌리는 격이다.

   사람들과 대화할 때는 상대의 이야기를 경청할 정도의 여유는 있어야 한다. 머릿속이 복잡해서 경청도 안 되고, 공감도 할 수 없는 상황이라면 약속을 미루는 게 좋다. 잡아놓은 약속이라서 어쩔 수 없이 만났다면 장단을 아예 안 넣는 것이 좋다.

   미국의 농구 선수 출신이자 명감독이었던 존 우든은 "상황을 가장 잘 활용하는 사람이 가장 좋은 상황을 맞는다"라고 했다.

   우리는 대화하다가 여러 상황에 처한다. 그 상황을 잘 활용할 수 있는 비결 중 하나가 바로 장단 맞추기이다. 적절한 장단 맞추기는 분위기를 살려주고, 대화의 품격을 높여준다.

{ 힘들어할 때는 용기를 심어줘라

S는 옷가게를 처음 시작하고 나서, 같은 지역의 상인들끼리 정기적으로 만나는 친목 모임에 나갔다가 G를 만났다. 그 뒤, 고민이 있을 때마다 그와 대화를 나눴다. 한번은 경기가 너무 안 좋아서 사업을 접으려 했더니 그가 만류했다.

"요즘은 다들 힘들어. 나도 마찬가지고. 자네 정도면 정말 잘해내고 있는 거야. 장사라는 게 굴곡이 있더라고. 어떤 때는 파리 한 마리 찾아오지 않다가 어떤 때는 가게에 발 디딜 틈이 없을 정도로 손님이 모여드니까 조금만 더 버텨봐."

세월이 흘러서 가게를 늘리려 하자 G는 별다른 조건 없이 투자하겠다고 했다.

"길목이 좋아서 장사가 잘될 거야. 옷 장사는 자네가 귀재잖아? 아마 일 년 안에는 지금 가게 못지않게 매출이 오를걸?"

그렇게 20년이 흘렀고, S는 지역의 유지가 되었다. 망년회에서 기분 좋게 술을 마신 그는 G에게 감사의 말을 전했다.

"오늘의 내가 있을 수 있었던 것은 자네가 곁에 있었기 때문이야. 정말 고맙네. 앞으로도 잘 부탁해."

"무슨 소리! 자네가 성장했기 때문에 나도 성장할 수 있었던 거야."

그러고 보니 G 역시 세 평 남짓한 음식점에서 출발했는데, 지금은 자신의 빌딩에다 커다란 식당을 운영하는 어엿한 지역의 유지가 되어 있었다.

인간은 서로가 서로에게 영향력을 끼치며 살아간다. 그래서 좋은 친구를 사귀어야 하며, 친구를 보면 그 사람을 알 수 있다고 하는 것이리라.

친구는 먼 길을 함께 가는 동지이며 경쟁자이다. 친구의 성공은 때로는 자극제가 되어서 내가 성장할 동력이 된다.

　세상에는 다양한 사람이 존재한다. 친구가 잘되기를 진심으로 바라는 사람이 있는가 하면, 친구가 자기보다 더 잘될까 봐 전전긍긍하는 사람도 있다.

　자존심과 허영심만 높은 사람은 '나만 대단한 사람'이라고 생각해서, 상대방을 하찮게 여긴다. 상대방이 잘될 때는 일시적인 행운이라 여기고, 잘 안 되면 열등의식이 낳은 당연한 결과라고 생각한다.

　반면 자존감이 높은 사람은 '나는 대단한 사람'이라고 생각해서, 상대방도 대단한 사람이라고 인정하며 존중한다. 상대방이 일시적인 어려움으로 자신감을 잃었을 때는 '나는 대단한 사람'이라는 사실을 상기시킨다. 또한 상대방이 한창 성장해갈 때는 도움을 주고, 함께 성장하는 길을 모색한다.

　세상일이란 '될 일'과 '안 될 일'로 명확히 나뉘어져 있지 않다. 어떤 시각으로 바라보고, 어떻게 행동하느냐에 따라 될 일이 안 되기도, 안 될 일이 되기도 한다. 헨리 포드가 일찍이 말하지 않았던가. "당신이 할 수 있다고 믿든 할 수 없다고 믿든, 믿는 대로 될 것이다"라고!

　소통하는 대화란 상대방이 기가 꺾였을 때 질책하고 책망하는 것이 아니라, 다독여서 자신감을 불어넣어주는 것이다. 특히 평생을 함께 살아가야 할 친구라면 더더욱 용기를 심어주어야 한다.

　아리스토텔레스는 '친구는 제2의 자신'이라고 했다. 좋은 친구인지 아닌지 알고 싶다면 만나고 난 뒤, 마음의 상태를 살펴보라. 자신감이 뚝 떨어지고 마음이 심란하다면 멀리하는 게 좋다. 그런 친구는 자존심만 세서 나의 성장을 돕는 게 아니라 오히려 짓밟는다.

만나고 난 뒤, 삶의 의욕이 충만해지고 마음이 따뜻해진다면 더없이 좋은 친구라 할 수 있다. 이런 친구는 험한 세상을 살아나가는 데 알게 모르게 힘이 되어준다.

격려해주는 사람은
잊지 못한다

나 자신이 얼마나 대단한 능력과 가치를 지니고 있는지 자각한 채 살아가는 사람은 그리 많지 않다. 겉보기에 화려한 삶을 살아가는 사람들이 SNS에 차고 넘치다 보니, 자신을 개돼지로 비하하기도 한다. 심지어 벌레에 비유하기도 한다.

인간의 뇌는 변덕이 들끓고 과장이 심하다. 자신이 지닌 능력과 별다른 연관이 없는 작은 일에도 쉽게 좌절하며 절망한다.

"난 아무짝에도 쓸모없는 인간이야. 한 시간만 하겠다고 맹세해놓고 세 시간 넘게 게임만 했어. 이런 나약한 의지로 뭘 할 수 있겠어?"

인간은 누구나 무한한 능력을 지닌 소중한 존재다. 가끔씩 나 자신에 대한 자부심과 긍지를 갖기도 하지만 이내 그 사실을 망각한다. 그러다가 하던 일이 벽에 부딪히면 자신의 가치와 능력에 대해서 회의한다.

'나 같은 콤플렉스 덩어리가 해낼 수 있을까?'

'애초부터 내 능력 밖의 일이었어. 질질 끌지 말고 일찌감치 포기해버릴까?'

이럴 때 누군가의 격려는 잠재 능력을 끌어올려주고, '나도 마음먹으면 거뜬히 해낼 수 있다'는 용기를 심어준다.

특히 자존감이 낮고, 미래가 불안한 청소년기에 누군가로부터 격려를 받으면 큰 힘이 된다. 실제로 성공한 사람들 중에는 청소년기에 받은 선생님이나 지인의 격려에 힘입어 꿈을 이룬 사람이 상당수다.

격려는 어른에게도 필요하다. 인간은 누군가 애정과 관심을 가져주면 방치해두었을 때보다 훨씬 더 많은 일을 해낸다.

"그동안 곁에서 지켜봤는데, 정 대리는 일을 참 깔끔하게 하더라. 이번 프로젝트가 다소 난도가 높지만 정 대리라면 잘해낼 거라고 믿어."

대다수 사람은 격려에 지나칠 정도로 인색하다. 칭찬도 격려의 일종이지만 빈말이 아닌, 진심으로 칭찬하는 사람은 그리 많지 않다. 격려를 제대로 하려면 관심과 관찰이 필요하다. 그러나 대다수가 타인에 대해서 무심하다 보니, 상황에 맞는 격려에 서툴다.

현재 상황이 힘겹고 점점 나빠지면, 스스로라도 나 자신을 격려할 필요가 있다. 나의 가치와 무한한 능력을 믿고, 희망을 품은 채 미래를 향해 전진하면 힘든 상황을 타개할 수 있다.

빅터 프랭클은 심리학자로서 아우슈비츠에서의 참혹했던 나날들을 기록한 《죽음의 수용소에서》의 저자이기도 하다. 그는 절망적인 상황 속에서도 인간의 존엄성을 지키기 위해 스스로를 꾸준하게 격려했다. 희망 찬 미래가 올 거라는 자기최면을 걸며 하루하루를 충실하게 살아갔고, 그 결과 건강한 몸으로 죽음의 수용소에서 살아나올 수 있었다.

소통하는 대화는 서로 격려해서 잠재된 능력을 끌어올려준다. 나의 장점이나 미래에 대해서 반신반의하고 있을 때, 제삼자의 격려는 은근한 힘이 된다.

17세기의 순교자인 윌리엄 워드 신부는 이렇게 말했다.

"나는 아첨하는 사람을 믿지 않는다. 비판하는 사람도 좋아하지 않는다. 무시하는 사람은 용서하지 않는다. 그러나 격려해주는 사람은 절대 잊지 않는다."

만약 당신이 그 분야의 전문가라 하더라도 격려에 인색하지 마라. 돼지 발에 물감을 묻혀서 찍어놓은 그림일지라도, 찾아보면 한 가지쯤은 희망적인 면이 있게 마련이다.

과오는 인정하고 용서를 구해라

살면서 우리는 이런저런 잘못을 저지른다. 잘하려는 의욕이 지나쳐서, 정신을 딴 데 팔다가, 혹은 순간적인 감정을 참지 못해서 잘못을 저지르기도 한다.

맑은 정신이 들었을 때 나의 과오가 확실하다면, 한시라도 빨리 시인하고 용서를 구하는 게 낫다. 과오를 저지르면 그 사람과 나의 관계는 시간이 지날수록 점점 멀어진다. 틀어진 관계를 복원할 유일한 방법이 바로 사과다.

사과하는 데도 적절한 시기가 있다. 서로에게 관심이 남아 있을 때 사과해야 한다. 시간이 흘러 관심이 완전히 사라져버리면 사과 자체가 의미 없어진다.

대인관계를 할 때는 행동도 조심해야 하지만 말을 특히 조심해야 한다. 말에는 오해의 물질이 묻어 있다. 몇 사람을 거쳐서 당사자에게 전해지면 실체보다 수백 배는 큰 괴물로 변해버린다. 따라서 자리에 없는 사람에 대해서 말할 때는 각별히 주의해야 한다.

만약 오해의 소지가 있는 발언을 했다면 몸집을 제멋대로 부풀리기 전에 과오를 인정하고 용서를 구해야 한다.

잘못을 시인할 때는 가급적 변명하지 말아야 한다. 설령 그것이 사실이라 할지라도 상대방이 변명으로 받아들인다면 그 즉시 중단해야 한다.

"그렇게 받아들였다면 죄송합니다. 모두 저의 불찰입니다. 죄송합니다!"

용서는 내가 아닌, 상대방이 하는 것이다. 진정으로 과오를 뉘우친다면 용서하는 방식을 상대방이 원하는 대로 맞춰줄 필요가 있다.

세상에는 겉보기와는 달리 깐깐한 잣대를 가진 사람이 많다. 작은 실수나 잘못 하나로 그 사람의 업적 혹은 인생 전부를 판단하기도 한다. 이런 부류의 사람일수록 용서에는 관대하다. 잘못의 크기는 제멋대로 재서 흉볼 수 있지만 잘못을 시인하는 사람의 크기는 측정도 쉽지 않고 흉볼 수도 없기 때문이다.

잘못을 인정한다는 것은 성찰의 시간을 가졌음을 의미한다. 또한 실제 나는 괜찮은 사람인데 그에 미치지 못하는 말이나 행동을 했다는 고백이요, 나를 용서해준다면 앞으로 괜찮은 사람임을 증명하겠다는 결심의 또 다른 표현이다.

과오를 깨끗이 인정하면 마음 한구석의 찜찜함이 해소되기 때문에 홀가분해진다. 상대방 역시 용서했기 때문에 묵은 감정이 해소되며 대인이 된 것 같은 기분에 사로잡힌다. 그 순간만큼은 두 사람 모두 인생의 승리자라 할 수 있다.

지위와 명망이 높을수록 과오는 빨리 시인하고 용서를 비는 게 좋다. 체면이나 남의 시선 때문에 망설이는 사이, 상대방이 나의 과오를 대놓고 책망한다면 그것보다 민망하고 자존심 상하는 일도 없다.

J. S. 노울즈는 "고백된 과오는 그 사람의 새로운 미덕이 된다"라고 했다. 과오를 대수롭지 않게 여기는 사람은 더 큰 과오를 저지르게 되어 있다.

누구나 과오를 저지르며 성장하기 때문에 제대로 용서를 빈다면 그 자체로 비난받을 일은 아니다. 그보다 더 큰 과오는 침묵하거나 감춰서, 괜찮은 사람임을 증명할 기회를 발로 차버리는 것이다.

분야가 달라도 귀를 기울여라

시대가 바뀌면 인재상도 달라진다.

2016년 다보스포럼의 주제는 '제4차 산업혁명'이었다. 다보스포럼에서 발표한 '미래고용보고서'에는 2020년에 요구되는 교육 목표로 '복잡한 문제를 푸는 능력', '비판적 사고', '창의력', '대인관리', '협업 능력'이 담겨 있다.

불과 10년 전까지만 해도 '천재 한 명이 만 명을 먹여 살린다'는 것이 정설로 받아들여졌다. 그러나 인재들의 천국이었던 세계적인 기업 엔론이 금융 스캔들을 터뜨리며 파산하면서, 협업할 줄 모르는 인재는 폭탄보다 위험하다는 인식이 확산되었다.

AI, 빅데이터, 3D 프린터, 무인 자동차 등과 같은 첨단 기술의 등장과 발전으로 인해 체계 자체가 복잡해졌다. 미래 사회는 독단적인 인재 한 명이 할 수 있는 일이 많지 않다. 창의력과 비판적 사고를 지닌 인재들이 머리를 맞대고, 복잡한 문제를 풀어나가야 한다. 즉, 다양한 곳에서 조언을 구하고 겸허히 받아들일 줄 아는 인재만이 그 가치를 인정받을 수 있다.

대화는 말이라는 매개체를 통해서 생각을 주고받는 행위다. 내 생각만 일방적으로 쏟아내는 건 배설이자 자기과시이며, 시간 낭비이다. 말할 때는 내가 마치 중요한 사람이라도 된 것 같은 기분에 사로잡혀서 신날지 몰라도, 돌아서면 얻는 게 없다.

공자는 "세 사람이 길을 가면 그중에는 반드시 내 스승이 있다"라고 했다. 배움은 마음먹기에 달려 있다. 배우려고 마음먹는다면 구더기나 지렁이에게도 배울 게 왜 없겠는가?

물은 높은 데서 낮은 데로 흐른다. 지혜 역시 마찬가지다. 몸과 마음을 낮춰야만 지혜가 스르르 내 안으로 흘러 들어온다.

겸손한 자는 타인에게 기꺼이 조언을 구하고, 거기서 얻은 지혜를 내 것으로 만든다. 반면 교만한 자는 몸과 마음을 꼿꼿하게 세우고 있기 때문에 조언 따위는 구하지도 않고, 귀담아듣지도 않는다. 지혜를 발견할 수도 없고, 스며들 여지 또한 없다.

제3차 산업혁명 시대에는 한 분야에서 평생을 바친 전문가가 대세였다. 그들은 묵묵히 자신의 분야에서 일을 했고, 산업 발전에 기여했다.

그러나 이제는 융·복합이 대세다. 동종의 전문가들이, 혹은 전혀 다른 업종의 전문가들이 모여서 복잡한 문제를 해결하고, 새로운 분야를 모색하고 개척해 나아가야 한다. 협업에 따른 커뮤니케이션이 그 어느 때보다도 중요하다.

문제를 해결하거나 새로운 일을 시작하려 할 때 과거의 판례나 관

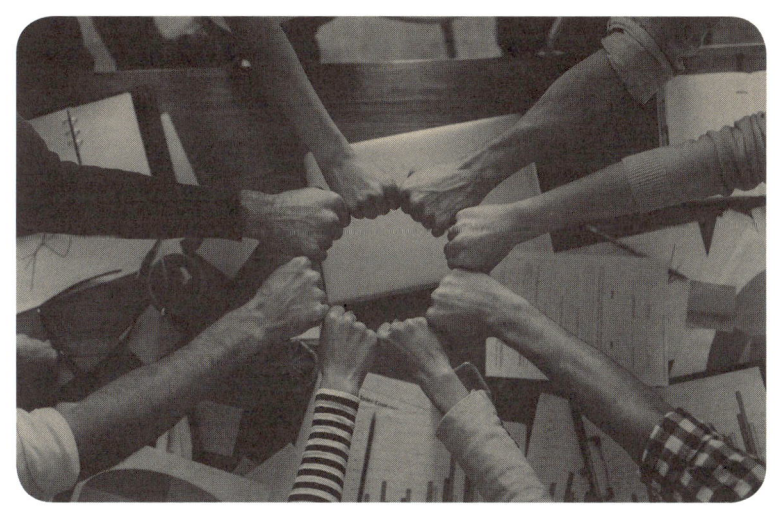

례대로 하면 시간도 절약하고, 편리한 것도 사실이다. 하지만 그래서는 발전이 없다. 과거에 발목이 잡혀 있는데 어떻게 미래를 향해서 나아갈 수 있겠는가.

"뮤지컬계에서는 이런 경우 후배가 양보해요. 엔지니어들은 어떻게 일 처리를 하나요?"

"제품 전시회와 영화와 웹툰을 하나로 묶는 건 어떨까요? 웹툰 전시회를 촬영한 영화 속으로 따라 들어가면 실제 제품이 전시되어 있는 거죠."

넓은 세상으로 나아가려면 물결을 따라 하염없이 흘러가야 한다. 내 생각만 고집할 게 아니라, 다른 사람의 조언을 듣고 정보를 취합할 필요가 있다.

"저는 이럴 때 뭘 해야 할지 잘 모르겠어요. 은영 씨는 어떻게 생각하세요?"

 독단적으로 일을 처리하는 사람일수록, 더 이상 발전이 없는 사람일수록 타인의 조언이 절실하다. 비록 반대 의견일지라도 몸과 마음의 귀를 열고 경청하다 보면 지혜의 신이 슬그머니 다가와서 귓가에다 대고 속삭인다.

 고대 로마의 수필가 아울루스 겔리우스는 "바보도 때로는 좋은 충고를 한다"라고 했다. 소통하는 대화를 나누고 싶다면 생각의 유연성을 기를 필요가 있다.

 조언을 구하라. 대화가 풍성해질뿐더러 새로운 이야기에 뇌가 자극을 받으면 상상력도 풍부해진다.

웃음을 주는 사람에게 끌린다

우리 주변에는 유머로 인생을 멋지게 반전시킨 사람들이 있다. 미국 역사상 가장 위대한 대통령이라 불리는 에이브러햄 링컨도 그중 한 명이다.

링컨은 엄격한 청교도 집안에서 태어나서 열 살 때 어머니를 여의었다. 열아홉 살 때는 두 살 많은 누이가 아이를 낳다가 사망했다. 스물세 살 때는 동업자와 함께 장사를 했지만 큰 빚을 져서, 그 빚을 모두 탕감하는 데 꽤 오랜 세월이 걸렸다.

스물네 살 때는 열애에 빠졌던 앤 애틀러지가 장티푸스에 걸려 사망했다. 그 뒤 우울증에 걸려서 평생을 고생해야 했다. 서른 살에 부유한 집안에서 제대로 교육을 받고 자란 메리 토드와 결혼하지만 결혼 생활은 행복하지 않았다.

그의 회색빛 인생을 장밋빛 인생으로 서서히 바꿔준 것은 유머였다. 그는 틈나는 대로 유머 관련 책을 읽었고, 재미있는 이야기를 기억해놓았다가 주변 사람들에게 들려주곤 했다. 다른 사람들이 웃을 때는 함께 웃으면서, 인생은 즐거운 것이라는 사실을 깨달아갔다.

링컨은 정치가로 입문한 뒤에도 수많은 시련을 겪었으나 결코 유머를 잊지 않았다.

상원의원 선거에서 더글러스와 합동 선거 유세를 할 때였다. 더글러스가 '두 얼굴을 가진 이중인격자'라고 비난하자 링컨은 미소를 지으며 이렇게 반박했다.

"제가 두 얼굴을 갖고 있다고요? 여러분, 잘 생각해보세요. 제가 정말 두 얼굴을 갖고 있다면, 오늘같이 중요한 날 이렇게 못생긴 얼굴을 들고 나왔겠습니까?"

유머는 최상의 수비이자 최상의 공격이다. 링컨은 원색적인 비난에 맞대응하지 않고, 유머로 품격 있게 물리쳤다.

사실, 자신의 약점을 유머 소재로 삼으려면 어느 정도 경지에 올라야만 가능하다. 링컨의 유머 감각이 상당한 수준에 이르렀음을 엿볼 수 있다.

유머는 현대 사회에 들어와서 그 중요성이 점점 커지고 있다. 산업 사회는 워커홀릭을 양산했지만 유머 감각을 갖춘 사람은 오히려 그 수가 줄었다. 과다한 업무로 인해서 마음의 여유가 사라졌고, 그 결과 유머 감각마저 떨어졌기 때문이다.

현대인의 삶은 긴장의 연속이기 때문에 유머러스한 사람이 빛난다. 딱딱한 회의나 프레젠테이션, 팽팽한 협상에서 맛깔스런 한마디 유머는 순식간에 분위기를 반전시킨다. 휴식 시간에도 정치나 시사 문제에 열을 올리는 인물보다는 가벼운 유머로 그 순간을 즐길 줄 아는 인물의 주변으로 사람이 몰린다.

유머는 뇌의 긴장을 풀어주고, 삶의 여유를 찾아준다. 종일 일하는 사람은 돈 벌 시간이 없듯, 유머 있는 대화를 나누고 싶다면 대화에 지나치게 몰입해서는 안 된다. 유머는 여유 있는 마음에서 나온다.

웃음 연구가이기도 한 스탠퍼드대학교의 윌리엄 프라이 박사는 "웃음은 공포와 염려를 막아주고, 몸의 치유 능력을 활성화시키는 힘이 있다"라고 말했다.

타인으로부터 지나치게 엄숙하거나 진지하다는 평을 들었거나 우울증 증세가 있다면, 세상은 즐거운 곳이라는 사실을 망각한 채 살아가는 건 아닌지 돌아봐야 한다. 링컨처럼 틈나는 대로 유머 관련 글이나 동영상을 찾아보는 것도 하나의 방법이다.

인생이 즐거워서가 아니라, 웃다 보면 인생이 즐거워진다.

{ **감성으로
설득해라**

 오 과장은 귀갓길에 습관적으로 문자를 보냈다.
 '강 과장님, 오늘 무척 즐거웠습니다. 기회가 된다면 개들도 느릿느릿 걸어다니고, 맑은 시냇물이 졸졸졸 흐르며, 여름밤에는 반딧불이가 날아다닌다는 강 과장님 고향 마을에 꼭 한번 가보고 싶습니다.'
 문자를 보내고 나서 창밖을 바라보고 있으니 협력업체 강 과장이 술자리에서 했던 고향 이야기가 되살아났다.
 '이 사람에게 이런 순수한 면이 있었던가?'
 비즈니스로 만나는 사이라 별다른 의미를 두지 않았는데 강 과장이라는 사람 자체가 달리 보였다.
 나이를 먹을수록 친구 사귀기가 점점 어려워진다. 30대 초중반부터는 새로운 친구를 사귀는 건 고사하고, 기존 친구들과도 사이가 멀어진다. 가정에서는 갓 태어난 아이를 돌보는 데 많은 시간을 쏟아야 하고, 직장에서는 중요한 업무가 주어지는 시기다.

바쁘게 살다 보면 아무래도 감성보다는 이성적으로 모든 일을 생각하고 처리하게 된다. 사람들과의 대화 자체도 이성적인 대화로 변한다.

그러다 문득, 잊고 있던 감성이 되살아날 때도 있다. 어디선가 들려온 음악이 지난날의 추억을 불러와 흠뻑 빠지기도 하고, 지하도에서 바구니에 나물을 담아놓고 파는 할머니의 주름진 손을 보며 왠지 모르게 코끝이 찡해지기도 한다. 그러나 나약하고 감상적으로 보일까 봐 속마음을 드러내지 않는 경우가 대부분이다.

어릴 적부터 '강한 남자 콤플렉스'에 시달려온 남자들은 주로 분석적인 좌뇌를 사용해서 이성적 대화를 나눈다. 반면, 여자는 감성적인 우뇌와 좌뇌를 두루 사용하기 때문에 공감 능력이 뛰어나서 감성적 대화에 익숙하다.

인간은 감성과 이성을 두루 겸비하고 있다. 제 능력을 십분 발휘하려면 둘 다 사용해야지, 한 가지만 사용해서는 안 된다.

과거에는 감성을 마치 약자의 전유물인 것처럼 취급했다. 그러나 요즘에는 사회 전반에 걸쳐 감성을 중시하는 움직임이 일어나고 있다. 소비자의 마음을 사로잡기 위해서 경영과 감성, 기술과 감성, 제품과 감성을 융합하려는 시도가 이어지고 있다.

감성적인 이야기는 대화의 품격을 높여준다. 친밀도를 높일 수 있는 데다 대화 자체가 아무래도 따뜻하기 때문이다.

이성적인 대화를 나눌 때는 논리적으로 분석하기 때문에 좌뇌가 긴장 상태에 놓인다. 감성적인 대화를 나눌 때는 주로 우뇌가 활동하기 때문에 우뇌는 휴식을 취할 수 있다. 감성적인 대화를 나누고 나면 편안하고 따뜻한 느낌이 드는 것도 이 때문이다.

미국의 심리학자 데이비드 J. 리버만은 이렇게 말했다.

"결정의 구십 퍼센트는 감성에 근거한다. 감성을 동기로 적용한다면, 행동을 정당화하기 위해 논리를 적용한다. 그러므로 설득을 시도하려면 감성을 지배해야만 한다."

논리적으로 말을 잘함에도 불구하고 설득력이 부족하거나, 주변에 마음을 나눌 지인이 없다면 감성적인 면이 부족하기 때문일 수 있다. 물론 선천적으로 감성이 뛰어난 사람도 있지만 대화를 나눌 정도의 감성은 후천적으로 노력하면 갖출 수 있다.

감성적인 대화를 하려면 감성적인 마인드를 지녀야 한다. 주변을 관찰하고, 내가 무언가를 좋아한다면 왜 좋아하는지 그 이유를 생각해 보고, 스쳐 지나가거나 사라진 것들의 의미를 찾아보고, 자연의 아름다움을 감상할 줄 아는 여유만 있어도 충분하다.

인간은 아무리 이성적인 척해도 결국 감성적인 동물이다. 이성적인 차가운 사람보다는 따뜻한 감성을 지닌 사람에게 끌릴 수밖에 없다.

불필요한 심리전은
마음을 멀어지게 한다

"내일 또 등산 가는 건 아니지?"

"고교 동창들하고 북한산 가기로 했어. 근데 무슨 일 있어?"

"무슨 일이 있는 건 아니고…… 등산으로 그동안 쌓인 스트레스를 푼다지만 너무 힘들 것 같아서……."

"취미생활인데 뭐가 힘들어."

"하산해서는 밤늦게까지 술 마시다 오잖아? 간도 생각해야지."

"접대나 회식은 쥐약이지만, 친구들하고 마시는 술은 보약이야!"

"그건 당신 생각이고…… 가장이면 가족들 생각도 해야지."

이마트에 쇼핑하러 나온 젊은 부부의 대화다. 카트 옆에는 예닐곱 살 남짓한 쌍둥이 형제가 달라붙어 있었다.

부부는 소모적인 심리전을 펼치고 있었다. 아내의 표정에는 육아와 살림에 지친 표정이 역력했다. 나는 어렵지 않게 그녀가 진짜 하고 싶은 말을 읽을 수 있었다.

'제발, 주말만이라도 집에서 아이들을 좀 봐줘!'

아내의 시선을 외면하는 걸로 봐서, 남편 역시 아내의 마음을 모르는 것 같지는 않았다.

'당신 힘든 건 알지만 나도 힘들어! 주말만이라도 날 자유롭게 풀어줘.'

부부는 서로 속마음을 감춘 채 계속 겉도는 말만 주고받았다. 우연찮게 두 사람의 대화를 듣고 있으니 얹힌 듯 내 가슴이 답답했다.

세상에는 '싫은 소리'를 못하는 사람들이 의외로 많다. '행여 관계에 금이 갈까 봐', '내 말을 반박하거나 무시해서 오히려 나만 상처 입을까 봐', '상대방의 마음이 다칠까 봐', '그동안 쌓아온 좋은 이미지가 훼손될까 봐' 등등의 이유로 하고 싶은 말을 못 하고 에두른다.

본질적인 문제에 정면으로 부딪쳐도 해결될까 말까 한데, 차 떼고 포 떼고 말하면 그 마음을 헤아려줄 사람이 과연 있을까.

이런 심리전은 서로의 가슴에 앙금을 남긴다. 해소되지 못한 감정은 미뤄놓은 숙제처럼 가슴 한편에 차곡차곡 쌓인다. 그러다 어느 날 갑자기 사소한 말다툼 끝에 큰 싸움으로 번지기도 하고, 어느 한쪽이 인내심의 한계를 느낀 나머지 일방적인 선언을 하거나 소리 소문 없이 사라져버린다.

한 번 볼 사람이라면 상관없다. 그러나 자주 봐야 하는 사람과는 소모적인 심리전은 안 하는 게 좋다. 마음의 앙금이 없어야 함께 있는 시간이 기대되고 즐거워진다.

"여보, 나 살림하고 애들 보느라 요즘 너무 힘들어. 주말만이라도 당

신이 애들하고 놀아줬으면 좋겠어."

"나도 그러고 싶지만 당신도 알다시피 업무 스트레스가 너무 심해. 매일 자정이 다 되어서 돌아오잖아? 내게도 휴식이 필요해. 그러니 당신이 이해해줘."

"여보, 그럼 하산하고 나서 술집 들르지 말고 곧장 집으로 올 수 있어? 주말 저녁 시간만이라도 나에게 양보해줬으면 해."

"그래, 그게 좋겠다! 사실 나도 술자리에 늦게까지 붙잡혀 있으면 당신하고 애들 생각이 나서 마음이 편치 않았거든."

마음은 모든 것이 불확실할 때 가장 괴롭다. 경우의 수가 많으면 좋은 쪽보다는 나쁜 쪽을 더 많이 상상하기 때문이다. 그러다 대화를 통해서든, 시간이 지나서든 불확실성이 해소되면 마음은 언제 그랬냐는 듯 평화를 되찾는다.

품격 있는 인생을 살고 싶다면 소모적인 심리전은 그만두라. 놀라운 생산성과 탁월한 기능을 지닌 뇌를 이런 식으로 혹사하는 건 개인적으로 불행한 일이고, 서로에게도 좋지 않다.

어차피 언젠가는 해야 할 말이라면 즉시 해버리는 게 낫다. 말하기 전에 자기 검열을 할 필요도 없다. 완벽하게 보이려고 노력할수록 인생만 피곤해진다.

'타인의 눈물은 물과 다름없다'는 러시아 속담이 있다. 아무리 공감하는 척해도 인간은 '나'만 아는 이기적인 속성을 지녔다. 내가 가슴앓이를 하며 돌아서서 눈물 흘린다고 해도, 상대방은 내 아픔을 십 분의 일도 헤아려주지 않는다.

이제 소모적인 심리전과는 영영 작별을 고하라. 제대로 된 인생을 위해!

비전을 갖고 함께 성장해나가라

"나는 인간이다. 그것은 곧 경쟁하는 자라는 것을 의미한다."

이는 괴테의 말이다.

인간은 태어나는 순간부터 죽을 때까지 끝없는 경쟁 속에서 살아간다. 적잖은 스트레스이지만 성장의 원동력이 되기 때문에 경쟁 자체를 외면하고 살 수는 없다.

'함께 성장해 나아갈 수 있다면 얼마나 좋을까?'

치열한 경쟁 속에서 살아가는 현대인이라면 마음속 한구석에 누구나 품는 생각이다. 앞에 서서 무조건 따라오라고 명령하기보다는 조직원에게 비전을 제시하는 리더가 각광받는 이유도 이 때문이다.

인간의 몸은 현재를 살아가지만 정신은 미래를 살아간다. 미래 가치는 현재 가치에 우선 반영된다. 주식 시장에서도 투자자들은 현재 가치가 높은 주식보다 미래 가치가 높은 주식을 선호한다.

비전을 갖고 꿈을 향해 열심히 달리는 사람은 무리 속에 묻혀 있어도 빛이 난다. 벌과 나비가 꽃을 향해 모여들듯 사람들이 끊임없이 모여든다. 비전을 함께 공유하고 싶은 사람은 물론이고, 전혀 관계없는 분야의 사람도 관심을 갖고서 함께 성장할 방법을 모색한다.

성공에 일정한 공식이 있는 것은 아니다. 전혀 예상하지 못했던 장소에서 우연히 만난 사람의 도움으로 성공하는 경우도 종종 있다. 그런데 지금은 융·복합의 시대이니 그 가능성이 한층 더 커졌다.

대화 중에 누군가 자신의 비전을 말하면 자극을 받거나 영감을 얻는다. 비전을 말하는 것은 잘난 체와는 다르다. 잘난 체는 비교 우위에 서겠다는 마음가짐이지만 비전은 함께 성장하기를 바라는 성숙한 마음이 묻어 있다.

사람은 끼리끼리 모인다. 부자는 부자끼리, 빈자는 빈자끼리, 아무 계획 없이 하루하루 살아가는 사람들끼리, 비전을 갖고 살아가는 사람끼리 만나서 이런저런 대화를 나누며 각종 정보를 교환한다.

비전을 갖고 살아가는 사람은 이미 성공했거나 성공을 꿈꾸는 이다. 그들은 서로가 서로의 비전을 공유한다. 누군가의 비전을 경청하면 나와 전혀 상관없는 분야라 해도 배울 점이 있다. 새로운 지식을 쌓을 수 있고, 안목을 넓힐 수 있고, 내 일과 관련된 아이디어를 얻을 수 있다.

열악한 환경을 이겨내고 사회적으로 성공한 대표적 인물 헬렌 켈러는 이렇게 말했다.

"사람들은 가끔씩 맹인으로 태어난 것보다 더 불행한 게 뭐냐고 묻는다. 그럼 나는 시력은 있되, 비전은 없는 것이라고 대답한다."

현명한 사람들은 그 자리에 머물지 않고, 비전을 품고 미래를 향해 전진한다.

비전이 없거나 막연하다면 지금이라도 구체적인 비전을 세우고, 지인들과 공유하라. 비전을 향해 다가갈수록 '인생이란 가슴 설레는 일로 가득 차 있는 놀이터'라는 사실을 깨닫게 되리라.

Chapter 4

마음을 사로잡는 대화의 기술

대화는 당신이 배울 수 있는 기술이다.
그것은 자전거 타는 법이나 타이핑을 배우는 것과 같다.
만약 당신에게 배우겠다는 의지가 있다면
삶의 모든 질을 현저히 향상시킬 수 있다.

_ 브라이언 트레이시

{ 마음으로 들어가는 문 앞에 서라

"언제나 같은 시각에 오는 게 더 좋아. 만약 네가 오후 네 시에 온다면 난 세 시부터 행복할 거야. 시간이 흐를수록 난 점점 더 행복해져서, 네 시에는 흥분해서 안절부절못할걸. 그래서 행복이 얼마나 값진 것인지 알게 되겠지!"

사막에서 만난 여우가 어린 왕자에게 친구를 갖고 싶다면 자신을 길들이라며 한 말이다. 생텍쥐페리의 《어린 왕자》가 세월이 흘러도 독자들의 마음을 사로잡는 이유는 '순수'와 함께 '인생에 대한 통찰'이 담겨 있기 때문이다.

친구란 서로가 길들여진 사이다. 길들여짐은 잦은 만남을 전제로 한다. 성격이 좋든 나쁘든 간에 자주 만나다 보면 길들여지고 친구가 된다.

연애도 마찬가지다. '미인은 용기 있는 사람이 얻는다'는 명언이 팬히 나온 게 아니다. 헌칠한 미남자일지라도 먼발치에서 가슴 졸이며 바라보고만 있으면 사랑을 얻을 수 없다. 비록 못생겼을지라도 직접 부딪치고 보는 사람이 사랑을 쟁취할 확률이 높다.

물론 대인관계에서 첫인상이 중요하다. 하지만 그게 전부는 아니다. 첫인상도 자주 만나다 보면 변하게 마련이다. 이상형과 정반대인 사람도 자주 만나서 차 마시고, 밥 먹고, 영화 보고, 놀이공원 같은 곳도 가다 보면 알게 모르게 정이 든다.

연인에 대해서 어떤 사람이냐고 물으면, 오래 사귄 사이일수록 "참 좋은 사람이야"라고 대답한다. 정이 들면서 단점은 점점 희미해지고, 장점들이 쏙쏙 눈에 들어오기 때문이다.

아무리 말을 잘하는 사람일지라도 첫 만남에 상대방의 마음을 사로잡을 수는 없다. 인간은 본능적으로 낯선 사람을 경계하기 때문이다. 아군인지 적군일지 알 수 없으니, 만약의 사태에 대비해서 일단 '적'으로 분류해놓는 것이다.

연애 경험이 적을수록 멋진 연애편지나 달콤한 말로 단기간에 승부를 보려고 한다. 하지만 카사노바나 노련한 세일즈맨은 서두르지 않는다. 한두 번쯤 거절당해도 실망하지 않는다. 며칠 뒤 아무 일도 없었다는 듯이 다시 찾아간다.

"자주 보네요. 잘 지내시죠?"

웃으면서 친근하게 말을 건넨다. 일종의 길들이기라고 할 수 있다.

인간은 변덕스러운 사람보다 일관되게 행동하는 사람한테 호감을 갖는다. 마음을 사로잡고 싶다면 일관성 있게 행동할 필요가 있다.

인간의 뇌는 외부로부터 얻은 정보를 최대한 단순하게 분류한다.

말과 행동을 자주 바꾸는 사람은 신뢰할 수 없는 '이중인격자', 말과 행동이 일치되는 사람은 신뢰할 수 있는 '믿음직한 사람'으로 분류한다. 전자로 분류되면 아무리 달콤한 말도 소용없지만 후자로 분류되면 팥으로 메주를 쏜다고 해도 곧이듣는다.

매일 찾아오는 빚쟁이도 오지 않으면 궁금한 게 인간의 마음이다. 마음을 사로잡는 최대의 기술은 일관성 있는 행동으로 서서히 길들이는 것이다.

윌리엄 예이츠의 '술 노래'라는 시 중에 '술은 입으로 들고, 사랑은 눈으로 든다'는 시구가 있다. 누군가의 마음을 사로잡고 싶다면 성급하게 다가가서 달콤한 말을 속삭이려 하지 말고, 그 사람의 눈을 먼저 길들여라.

먼 친척보다 가까운 이웃이 낫다는 말도 있지 않은가. 눈에 길들여지고 나면 마음으로 들어가는 건 그리 어렵지 않다.

호의는 쉽게 잊지 못한다

"죽음을 두려워하지 않고 끝까지 싸우겠다."

1974년 미국 사회를 충격으로 몰아넣은 패티 허스트가 한 말이다.

미국의 언론 재벌 윌리엄 랜돌프 허스트의 손녀이자 상속녀인 그녀는 대학 2학년 때, 약혼자와 함께 있다가 게릴라 단체인 공생해방군(SLA)에 납치됐다. 그로부터 두 달 뒤, 그녀가 게릴라들과 함께 소총을 들고 은행을 터는 장면이 CCTV에 잡혔다.

재벌 부모와 약혼자를 비난하고 게릴라처럼 행동하던 그녀는 납치된 지 19개월 만에 체포되어 재판에 넘겨졌다. 재판 과정에서는 세뇌를 받은 데다 살아남기 위한 방편이었다고 변론했지만 재판부는 사회적 충격을 감안해서 35년형을 선고했다. 유명인사들이 석방탄원서를 제출해 7년으로 감형되었고, 대통령의 특별사면을 받아 결국 15개월 만에 가석방된 그녀는 다시 사교계로 돌아왔다.

패티 허스트의 사례는 작은 호의를 베풀어줄 경우, 납치나 인질 피해자가 오히려 범인들에게 동화되어 이들을 옹호하는 '스톡홀름 증후군'의 대표 사례로 꼽히고 있다.

'스톡홀름 증후군'과는 반대로 인질범이 인질에게 동화되는 '리마 증후군'이 있다. 1997년 페루 리마에서 반정부조직 요원들이 일본 대사관을 점거하였다. 그들은 127일 동안 400여 명의 인질들과 함께 지내면서 인질들에게 자신들의 어려움과 상황을 토로했다. 그렇게 차츰차츰 인질들에게 동화되어 가족과 안부 편지를 주고받고, 미사를 개최하는 등의 이상 현상을 보여서 붙은 심리학 용어다.

'스톡홀름 증후군'이나 '리마 증후군' 이면에는 '호의'가 개입하고 있다. 인간은 '호의'를 베풀어주면 쉽게 잊지 못한다. 특히 스트레스가 심한 상황이나 경제적으로 어려울 경우, 그 효과는 극대화된다.

인류는 오랜 세월 '상호성의 원칙'에 입각해서 살아왔다. 누군가에게 호의를 받았다면 그에 대한 보답을 해야만 한다. 법률적으로 반드시 그래야 한다는 강제 조항은 없다. 그러나 사회적 동물로 살아가기 위해서는 지킬 수밖에 없다. 법보다 더 무서운 것이 바로 다른 사람들의 시선이기 때문이다.

상호성의 원칙이 제대로 지켜지면 전쟁이나 분란이 줄어든다. 그래서 동서양을 막론하고 이러한 정서를 장려하고 조성한다. 《흥부전》의 제비도 은혜를 갚고, 《이솝 이야기》의 생쥐도 자신을 용서해준 사자의 목숨을 구해준다. 그렇다면 만물의 영장인 인간은 은혜를 입으면 어떻게 해야겠는가?

대화의 달인들은 심리전에 능하다. 그들은 일단 아무 대가 없이 호의를 베푼다. 사전 작업 내지는 밑밥 깔기라고 할 수 있다.

"오늘은 제가 사겠습니다. 드시고 싶은 걸로 마음껏 드세요."

"마음의 선물입니다. 별다른 뜻은 없으니 부담 갖지 마세요."

"제가 도와드릴게요. 뭐부터 시작하면 되나요?"

일단 호의를 받아들이고 나면, 무언가를 줘야 한다는 강박감에 사로잡히게 되고, 부탁을 해 올 경우 거절하기가 힘들어진다.

말하기에도 전략이 필요하다. 일단 내 말이 먹힐 환경이나 상황을 조성할 필요가 있다. 호의는 나에 대한 호감을 상승시킴과 동시에 상대방의 마음을 꽁꽁 사로잡을 강력한 밧줄이다.

상대방의 관심사를 화제로 삼아라

"아빠, 이번 시즌에는 누가 우승할 것 같아요?"
"올해는 프리메라리가 선두를 달리고 있는 레알 마드리드가 유력하지 않을까."
"제 생각에는 바르셀로나가 역전 우승할 것 같아요."
"올 시즌에는 승률도 낮고, 힘들 거야. 리오넬 메시도 파리 생제르맹으로 이적했잖아."

대기업에 근무하는 J 부장과 대학교에 다니는 아들과의 대화다.

아들이 중학교 다닐 때만 해도 서로 대화 한마디 없던 부자지간이었다. 그는 회사 일로, 아들은 공부로 바쁘다 보니 주말 저녁이나 되어야 간신히 마주 앉아서 식사 한 끼 할 뿐이었다. 말을 붙여도 돌아오는 아들의 대답은 무뚝뚝했고, 주말에 같이 놀러 가려고 해도 학원에 가야 한다며 따라나서지 않았다. 말이 자식이지, 타인이나 다름없었다.

'내가 왜 온갖 고생을 하며 돈을 벌고 있지?'

J 부장은 삶에 회의를 느꼈고, 하나뿐인 아들에게 다가가고자 의식적으로 노력했다. 그러나 아들은 좀처럼 마음을 열지 않았다. 무슨 이야기를 해도 시큰둥했다.

그러던 어느 날, 아들이 프리메라리가 경기를 즐겨 본다는 사실을 알았다. 숨 돌릴 틈 없이 바쁜 아들의 유일한 취미였다. 그는 그때부터 프리메라리가에 대해 공부했고, 아들이 좋아하는 레알 마드리드 경기를 빼놓지 않고 챙겨 보았다. 그러다 보니 3년 전부터 조금씩 대화를 나누기 시작했고, 이제는 친구처럼 지내서 지인들의 부러움을 산다.

"나는 좀비영화가 정말 싫어! 피로 떡칠하고는 눈동자 까뒤집고 비틀거리며 돌아다니는데 꿈에 나올까 봐 무서워. 도대체 왜 그런 영화를 돈 주고 보는지 모르겠어."

"나는 개고기가 싫어! 외국인들의 시선도 곱지 않잖아? 먹을 게 부족한 시대라면 몰라도, 먹을 게 지천인데 그걸 왜 계속 먹는지 이해를 못 하겠어!"

사람들은 내가 싫어하면 상대방도 싫어하고, 내가 좋아하면 상대방도 좋아할 거라고 착각한다. 하지만 논쟁하고 싶지 않아서 싫어하는 척하고, 좋아하는 척하는 경우가 대다수다.

마음을 움직이고 싶다면 내 입장이 아닌, 상대방의 입장에서 접근해야 한다. 데이트할 때도 상대방의 취향을 파악하고 나면 호감을 사기 한결 수월하다.

"은수 씨, 내일 청주 공예 비엔날레 함께 가지 않을래요?"

언제든지 갈 수 있는 영화관보다는 1년에 한 번 열리는 데다, 상대방이 좋아하는 분야라면 귀가 솔깃하지 않을 수 없다.

"점심으로 칼국수 어때요?"

"어? 칼국수 저도 무척 좋아해요. 여기 버섯칼국수로 유명한 집 있는데 우리 거기 가요."

정보가 부족하던 시절에는 개봉관에 가서 영화를 보거나 대학로에서 연극을 보고, 근사한 레스토랑에서 저녁을 먹는 게 일반적인 데이트 코스였다. 그러나 지금은 약간의 정성만 기울이면 SNS를 통해서든, 상대방의 지인을 통해서든 알짜 정보를 얻을 수 있다.

'적을 알고 나를 알면 백 번 싸워도 위험하지 않다.'

《손자병법》에 나오는 이 말은 전쟁에서뿐만 아니라 대화에서도 유효하다. 쉽게 마음을 움직이려면 상대방이 좋아하는 것을 알아야 한다.

벤저민 디즈레일리는 "상대방의 일을 화제로 삼는다면 몇 시간이든 귀를 기울여줄 것이다"라고 말했다. 타인의 일에는 둔감하지만 자신과 관련된 일에는 민감하게 반응하는 것이 뇌의 속성이다.

베스트셀러가 마음을 움직인다

"이 옷 참 멋있죠? 장래가 촉망되는 신인 디자이너의 작품인데 도전적이고 실험적인 디자인이 특색이에요. 독특하고 톡톡 튀는 개성적인 세계를 추구하는 분들이 즐겨 찾죠."

"이 옷 예쁘죠? 수석 디자이너가 디자인한 신상이에요. 저희 매장에서 가장 인기 있는 제품으로 딱 두 점밖에 남지 않았네요. 마네킹이 입고 있는 옷과 이게 전부예요."

인간은 누구나 특별한 옷을 입고 싶다는 욕망과 무난하고 예쁜 옷을 입고 싶다는 욕망을 갖고 있다. 두 개의 욕망이 충돌하면 대다수는 후자를 선택한다. 그 이유는 다수의 선택을 따라야 후회할 가능성이 낮기 때문이다.

뇌가 다수의 선택을 따르는 이유는 '생존'과 관련이 있다. 두 사람이 무리 지어 다니는 것보다는 열 사람이 무리 지어 다니는 게 안전하

다. 두 사람이 갑자기 이동한다면 같이 행동하지 않아도 되지만 열 사람이 갑자기 이동한다면 함께 이동하는 것이 안전하다. 또한 두 사람이 하늘을 쳐다보고 있으면 무시해도 되지만 열 사람이 동시에 하늘을 쳐다보고 있으면 같이 쳐다보는 것이 안전하다.

인류가 오랜 세월 생존해오는 과정에서 '다수의 선택은 옳다'는 사실이 여러 경로를 통해 증명되었고, 그 기록은 유전자 정보에 입력되어 있다. 따라서 소수의 선택을 따르면 왠지 불안하고, 다수의 선택을 따르면 왠지 마음이 놓인다.

다수의 선택은 곧 사회적인 검증이다. 검증하는 데는 노력이 필요하다. 어떤 분야든 스스로 판단해서 후회 없는 선택을 하려면 적잖은 에너지와 시간을 투자해야 한다. 그러나 사회적으로 검증된 것을 선택하면 에너지와 시간도 절약할뿐더러 후회할 일도 적다. 설령 뒤늦게 후회할 일이 생기더라도 나만 손해 본 게 아니라는 사실 때문에 마음의 위안을 얻을 수 있다.

여행 전에 명소를 확인하고, 음식 먹으러 가기 전에 맛집을 검색하고, 영화 보기 전에 관객 평점을 확인하고, 제품을 사기 전에 가장 많이 판매된 제품과 사용 후기를 확인하는 이유도 이 때문이다.

선택의 폭이 넓을수록 선택에 어려움을 겪게 된다. 사람들이 베스트셀러를 찾는 이유도 이 때문이다.

사회적으로 검증된 사실을 이용하면 사람의 마음을 움직일 수 있다. 개성을 중시하거나 세상일에 무심할지라도 다수의 선택에는 흔들리게 되어 있다.

"엄마, 나 저 점퍼 사줘! 우리 반에서 안 입은 애들이 없어."

부모는 자식이 반에서 다른 아이들보다 뛰어나기를 바라지만 그보다는 남들보다 뒤처지지 않기를 바라는 마음이 더 크다. 고가의 패딩에 지갑을 열 수밖에 없는 이유다.

"천만 관객이 본 영화래요. 전쟁영화는 좋아하지 않지만 사람들과 소통하기 위해서라도 꼭 봐야 할 거 같아요."

사람들은 리더가 되기를 원하지만 그에 앞서 왕따가 되지 않기를 강렬히 소망한다. 입소문이 무서운 이유도 이 때문이다.

인간의 이러한 심리를 잘 이용하면 마음을 움직이기가 한결 수월하다. 인간은 사회를 벗어나기를 갈망하지만 어쩔 수 없는 사회적 동물이다.

바쁜 현대인들은 한 마리 새처럼 창공을 훨훨 날아가는 자유를 꿈꾼다. 하지만 그 꿈은 대중 속에 파묻혀 있기 때문에 꿀 수 있는 것이다. 홀로 창공을 비행하는 새는 멋있어 보일지는 몰라도, 실상은 무리 속에 합류할 수 있기만을 간절히 바란다.

욕구를 채워주면 내 편이 된다

"여유 있으면 이십만 원만 빌려줄 수 있어?"

"미안하지만 나도 돈이 없어. 월급 들어와서 정기적금, 휴대전화 이용료, 교통비, 카드값 빠져나가고 칠천삼백 원 남았어."

"그래? 알았어! 다른 사람에게 부탁해볼게."

직장 동료나 친구들끼리 흔히 주고받는 대화다. 얼핏 들으면 정상적인 대화 같지만 자세히 살펴보면 타인에 대한 무관심이 배어 있는 전형적인 대화 형태라 할 수 있다.

인간의 뇌는 눈에 보이는 것, 귀에 들리는 것이 전부라고 믿는 경향이 있다. 일일이 의심할 경우 긴장해야 하고, 진실을 밝히기 위해서는 많은 시간과 에너지를 소비해야 한다. 그래서 뇌는 특별히 자신에게 해가 되지 않는다고 판단되면 순순히 믿어버린다.

"그래? 믿음은 안 가지만 그렇다고 해두지, 뭐."

GOD의 노래에도 있듯이 어머니가 "난 짜장면을 싫어해"라고 말하면 그 말을 곧이곧대로 믿고, "괜찮아. 난 생선 머리가 좋아"라고 말하면 그 말을 진심으로 믿어버린다. 의심하기보다는 믿는 게 뇌의 입장에서는 더 편하기 때문이다. 인간을 이기적인 동물이라고 하는 이유도 이 때문이다.

"지금 뭐라고 했어? 그러니까 그 일이 끝나면 나에게 이익금의 일할을 주겠다고?"

심지어 자신에게 유리한 것만 골라서 보거나 듣기도 한다.

하지만 뇌의 본능대로 움직인다면 다른 사람의 마음을 움직일 수 없다. 살아 있는 무언가를 사로잡고 싶다면 실체부터 명확히 파악해야 한다. 그래야만 속도, 크기, 습성 등을 고려해서 사로잡을 수 있다.

마음 역시 마찬가지다. 상대방의 마음을 사로잡고 싶다면 말이나 행동 뒤편에 숨은 실체를 파악해야 한다.

앞선 사례에서 상대방에게 조금이라도 관심이 있고 부탁을 들어 줄 의향이 있다면, 거절하기 전에 돈을 빌려 어디다 쓰려고 하는지부터 물어야 한다.

"갑자기 이십만 원이 왜 필요한데?"

"응, 주말에 소개팅하는데 마땅히 입을 옷이 없어서 옷이나 한 벌 사려고."

상대방에게 진정으로 필요한 것은 돈이 아니라 옷이다. 돈은 '옷'이라는 욕구를 채우기 위한 수단에 불과할 뿐이다. 상대방에 대한 관심과 애정이 있다면 옷에 대한 욕구를 채워줄 방법은 다양하다.

"그래? 나도 여윳돈이 없는데……. 의상을 하루 빌리는 건 어때? 의

류 대여 서비스를 이용하면 저렴한 가격에 좋은 옷을 빌려 입을 수 있잖아?"

숨어 있던 욕구의 실체를 확인하고 나면 해결 방법을 찾을 확률이 급격히 높아진다.

록의 아이콘 '너바나'의 기타리스트이자 보컬인 커트 코베인은 "필요한 것이 있다면 주저하지 말고 먼저 다른 사람에게 물어보라"라고 말했다.

인간은 비슷한 욕구를 지니고 있다. 내가 없는 것을 다른 사람이 갖고 있을 확률이 높다. 상대방의 마음을 사로잡고 싶다면 욕구의 실체를 먼저 파악하자. 그런 다음 그것을 해결해주면 상대방으로서는 쉽게 갚을 수 없는 마음의 빚을 지게 된다.

{ **전문가의 말은
설득력이 있다**

"요즘은 고객들이 속도보다는 안전을 선호하는 추세예요. 그래서 이 차가 무척 인기인데, 미국 고속도로 안전보험협회인 IIHS(Insurance Institute for Highway Safety)의 충돌 테스트 실험에서 최고 등급인 톱 세이프티 픽 플러스(Top Safety Pick+)를 받았어요."

"고객님의 안목이 정말 뛰어나시네요! 이 옷은 영국 왕립미술대학원을 수석 졸업한 디자이너의 작품이에요."

우리는 프로페셔널 시대를 살고 있다. 전문가가 넘치다 보니 그중에서도 엄선된 프로를 원한다. 그들이야말로 이미 사회 시스템을 통해서 검증된, 신뢰할 수 있는 몇 안 되는 사람들이기 때문이다.

뇌는 성장 과정에서 여러 가지를 보고, 듣고, 배우고, 느끼면서 자기만의 프레임을 만든다. 그 프레임으로 세상을 보고 해석한다. 사람들끼리 모이면 논쟁이 끊이질 않는 이유도 각자의 프레임이 다르기 때문이다.

하지만 전문가의 말이라면 대다수가 인정한다. 평소 건강만큼은 자신 있어서 누가 뭐라고 하든 콧방귀도 안 뀌던 사람 역시 의사가 건강에 유의하라고 하면 바로 긴장한다. 그래서 건강식품 광고에는 하얀 가운을 입은 전문의를 내세우고, 제품 이름에는 '닥터'라는 용어를 붙인다. 얼핏 보면 건강보조식품이 의약품처럼 느껴진다.

설득이 용이하지 않을 때는 전문가를 이용할 필요가 있다. 사람들은 저마다 자기만의 논리를 갖고 있고, 좀처럼 그 논리에서 벗어나려고 하지 않는다. 그 논리의 틀을 깰 사람이 바로 전문가다.

야수파를 대표하는 화가 중 한 명인 앙드레 드랭은 공학도였다. 화가가 되고 싶었지만 아버지는 공장에서 기술자로 일하는 형제들처럼 공과대학에 들어가서 훌륭한 공학도가 되기를 원했다. 그러자 화가로서 사회적으로 인정받기 시작한 앙리 마티스가 앙드레 드랭의 아버지를 찾아가서 설득했다.

"화가의 등급을 나눌 수는 없지만 굳이 나누자면 대가, 중가, 소가로 가를 수 있습니다. 그림을 좋아하고 열정이 있는 화가라면 중가의 수준까지 올라갈 수 있습니다. 하지만 대가가 되려면 천성적으로 타고나야 하죠. 탁월한 감각과 함께 기존의 예술을 뛰어넘을 대담함이 있어야 합니다. 예술가라고 해서 모두 그런 기질을 타고나는 건 아닙니다. 하지만 드랭에게는 대가의 자질이 있어요. 드랭이 공대를 졸업해 일류 기술자가 된다고 해도 세상은 아무것도 바뀌는 게 없습니다. 하지만 그렇게 된다면 세상은 대가를 한 명 잃는 겁니다."

부모가 자식이 하고 싶은 일을 만류하는 가장 큰 이유는 미래에 대한 불확실성 때문이다. 확실한 미래가 보장된다면 반대할 부모가 어디 있겠는가. 그런데 그 방면의 전문가가 나서서 탁월한 재능이 있다고 인정해준다면 마음이 흔들리게 마련이다.

산문시집《예언자》로 세계인의 마음을 움직인 칼릴 지브란은 "믿음이란 마음속의 앎이요, 증거의 테두리를 넘어서는 앎이다"라고 했다. 마음을 움직이고 싶다면 일단 전문가를 동원해서 믿음을 줘라. 저마다 지니고 있는 프레임을 간단히 깰 수 있다.

웃음이 마음의 빗장을 푼다

"우리 내일 함께 등산 갈래요? 단풍이 장관이래요. 차관도 아닌 장관인데 꼭 보러 가야죠? 하하하!"

상대방의 생각을 알 수 없는 상태에서 제안할 때는 웃으며 말하는 게 효과적이다. 자연스럽게 웃는 표정을 보면 기분이 좋아지고, 함께 있으면 정말로 좋은 일이 생길 것 같은 예감이 든다.

"유치하게 그게 뭐예요? 말장난하는 것도 아니고……."

상대방이 정색해도 계속 웃으며 밀어붙이면 효과를 볼 수 있다. 정색하는 이유는 웃는 얼굴이 싫은 게 아니라, 어떻게 반응하는지 보기 위함이거나 잠시 생각할 시간을 벌기 위함인 경우가 대부분이기 때문이다.

"하하하! 유치한가요? 그럼 우리 유치부 장관 보러 가요!"

'웃는 얼굴에 침 뱉지 못한다'고 했다. 포기하지 않고 계속 웃으면 결국 상대방도 따라 웃을 수밖에 없다.

뇌는 화난 얼굴을 싫어한다. 당장 나에게 무슨 짓을 저지를지 모르기 때문이다. 무표정한 얼굴도 싫어한다. '적'인지 '아군'인지 분간할 수 없어서 계속 긴장한 채 주시해야 하기 때문이다.

뇌가 웃는 얼굴을 좋아하는 이유는 '아군' 중에서도 나에게 호의를 품고 있다는 증거이기 때문이다. 웃음에는 긴장을 풀어주는 효과가 있다.

헤픈 웃음으로 인해 실없는 사람으로 보일까 봐 걱정하는 사람도 있다. 하지만 그건 기우일 뿐이다.

첫 만남에서는 첫인상이 중요하기 때문에 자주 웃는 게 좋다. 상대방과 눈을 맞추며 미소 띤 얼굴로 대화를 나누면 상대방의 뇌는 함께 있어도 좋은 사람으로 분류한다. 실제로 여자는 호감 있는 남자를 만나면 본능적으로 평소보다 훨씬 더 많이 웃는다.

로베르토 베니니 감독의 〈인생은 아름다워〉는 유대계인 귀도라는 인물의 유쾌한 삶을 통해, 나치의 잔혹함과 인생의 아름다움을 역설적으로 표현한 명작이다. 영화 속 귀도는 찰리 채플린을 연상시킬 정도로, 보고만 있어도 미소가 절로 지어지는 캐릭터다.

영화는 전반부와 후반부로 나뉜다. 전반부는 가난한 웨이터지만 낙천적인 귀도가 부잣집 딸과 행복한 가정을 꾸리기까지의 과정을 담고 있는데, 관객을 귀도의 편으로 만들어가는 과정이라 할 수 있다. 후반부는 세월을 훌쩍 뛰어넘어서 귀도가 아들 조슈아와 함께 나치 수용소에 끌려가 그곳에서 함께 생활하다가 처형되기까지의 과정을 담고 있다.

귀도는 아들에게 자신들은 신나는 놀이에 특별히 선발된 사람이며, 1,000점을 먼저 따는 사람이 1등상으로 진짜 탱크를 받게 된다고 거짓말을 한다. 마치 게임하듯 수용소에서 아들과 함께 지내던 귀도는 마침내 패망한 독일군이 철수하기 전날 밤, 여장한 채 여자 수용소에 숨어들었다가 발각되어 독일군에게 끌려간다. 처형장으로 끌려가면서도 숨어 있는 아들의 눈앞을 지날 때는 게임임을 보여주기 위해서 익살스럽게 걷는다. 그 걸음걸이와 표정, 진실을 모르는 아들의 키득거리는 웃음소리는 쉽게 잊히지 않는 명장면이다.

베슬리헴스틸의 초대 회장 찰스 슈와브는 인생에 대해서 이렇게 조언했다.

"햇볕은 누구에게나 따뜻한 빛을 준다. 그리고 사람의 웃는 얼굴도 햇볕처럼 친근감을 준다. 인생을 즐겁게 지내려면 찡그린 얼굴을 하지 말고 웃어야 한다."

사람의 마음을 움직이는 비결은 미소에 있다. 일이 뜻대로 안 풀릴수록, 사람들에게 인기가 없을수록 거울 앞에 서서 입꼬리를 올리며 자연스럽게 웃는 연습을 할 필요가 있다. 웃다 보면 중추신경계에서 신경전달물질인 베타엔도르핀이 분비되어 몸도 건강해지고, 기분도 좋아진다.

자주 웃어야 세상이 내 편이 되고, 인생 또한 아름다워진다.

호기심을 이용하면 설득이 용이해진다

인간의 뇌는 이론적으로 접근해 오면 철벽을 쳐서 스스로를 방어한다. 하지만 호기심을 자극하면 이내 무너진다.

인간은 호기심에 취약하다. 궁금한 것은 어떤 대가를 지불하고서라도 해소해야만 한다. 이러한 인간의 속성은 문학 작품의 소재가 되어 왔다. 《천일야화》의 세헤라자데는 목숨을 유지하기 위해서, 왕의 호기심을 이용해 천 일 동안 매일 밤마다 새로운 이야기를 들려준다. 《이상한 나라의 엘리스》나 《오즈의 마법사》 역시 인간의 호기심을 자극해서 한순간도 시선을 떼지 못하게 한다.

그리스 로마 신화에도 호기심과 관련된 일화가 여럿 등장한다. 대장장이 헤파이스토스가 만든 여자 인간 판도라는 절대로 열어보지 말라는 제우스의 경고에도 불구하고, 한순간의 호기심을 참지 못해 재앙으로 가득 찬 상자를 연다. 에로스의 부인 프시케는 지하 세계의 왕비인 페르세포네에게서 아름다움을 얻어 오다가 호기심에 상자를 열어 보고, '죽음의 잠'에 빠진다. 오르페우스는 죽은 아내를 잊지 못해 지옥까지 가서 아내를 구해내지만, 아내가 잘 따라오고 있는지 궁금해 뒤를 돌아보는 바람에 모든 일이 허사가 된다.

호기심은 인간의 본성이다. 돌부처처럼 어지간한 일에는 꼼짝 안 하던 사람도 호기심을 자극하면 마음이 움직인다.

뇌는 일반적인 것보다 특이하고 신기한 것들에 대해서 관심을 갖는다. 예를 들어서 약속 장소로 가는데 어떤 사람이 애완견을 데리고 산책하는 광경을 보았다면 기억조차 못한다. 하지만 애완견을 데리고 나온 사람이 자신의 목에 목줄을 채운 채 산책하는 광경을 보았다면 약속이 있다는 사실조차 잊은 채 그 광경을 지켜보게 된다.

호기심에 약한 뇌의 속성은 과학자들의 연구 대상이요, 주요 공략 대상이다. 교육계에서는 호기심을 이용한 갖가지 학습법을 계발하고, 비즈니스계에서는 호기심을 이용한 마케팅을 적극적으로 펼친다. 호기심을 자극하면 시청률도 올라가고, 물건 또한 잘 팔린다.

좀처럼 열리지 않는 구두쇠의 지갑도 호기심을 자극하면 마법처럼 열린다.

"돈 벌고 싶죠? 이 제품을 사는 순간, 천만 원을 벌 수 있습니다!"

세일즈맨이 애용하는 대화법 중 하나다. 일단 호기심을 자극해놓고 제품의 장점, 왜 구입해야 하는지 등을 차분히 설명한다.

친구와 대화할 때도 호기심을 이용하면 마음을 쉽게 움직일 수 있다.

"네가 들으면 깜짝 놀랄 소식이 있어."

일단 이렇게 말문을 떼면 귀가 솔깃해질 수밖에 없다. '나'에 대한 소식만으로도 궁금한데 '깜짝 놀랄' 소식이라는데 어찌 궁금하지 않겠는가.

1981년 노벨 문학상을 수상한 영국 작가 엘리아스 카네티는 "호기심이 사라져야 사람들은 생각할 수 있다"라고 했다. 호기심에 사로잡히면 인간은 마치 블랙홀에 빨려들듯 잠시 동안 제정신을 잃는다.

대화할 때 호기심을 잘 이용하면 마음의 문을 열고, 쉽게 그 안으로 들어갈 수 있다.

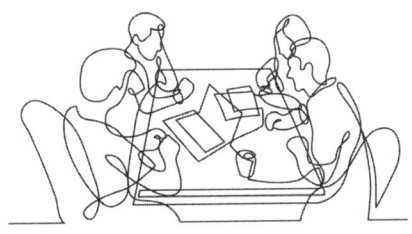

흔하지 않아야
소유욕이 생긴다

　우표 수집은 인내를 요구한다. 특히 새로 발행된 기념우표를 모으는 수집가들은 먼 훗날을 내다본다. 지금은 흔하지만 세월의 주머니 속으로 현재 발행된 수많은 우표가 사라져버려서 이 세상에 몇 장 남지 않기만을 기원한다.

　세계 최초의 우표는 1840년 5월 1일에 영국에서 발행했다. 검정 바탕에 빅토리아 여왕의 초상을 담고 있는데 액면가가 1페니여서 '페니 블랙'이라고 불린다. 그러나 발행량이 워낙 많은 데다 아직도 많이 남아 있어서 수천 달러 선에서 거래된다.

　장당 가격으로는 페니 블랙보다 이틀 뒤에 나온 청색의 2펜스짜리 우표인 '펜스블루'가 훨씬 더 비싸다. 2011년 경매에서 105만 3천 파운드(당시 환율 기준 17억 9천만 원)에 낙찰되었다.

　세계에서 가장 비싼 우표인 '1센트 마젠타'는 세상에 단 한 장뿐이다. 영국령 기아나에서 1856년에 진홍색 종이(마젠타)로 만든 이 우표는 2014년에 소더비 경매에서 950만 달러(당시 환율 기준 97억 3천만 원)에 낙찰됐다.

희귀한 것을 원하는 심리는 수집가들뿐 아니라 사람들의 일반적인 심리다. 수요와 공급의 원칙에 의해서 수요는 많은데 공급이 부족하면 가격이 올라갈 수밖에 없다. 양질의 와인을 만들기 위해서 수확량을 줄이면 와인의 가격이 비싸진다. 화가의 그림값도 사후에 폭등하는 경우가 종종 있다.

인간은 흔한 것보다 희귀한 것을 갖고 싶어 한다. 색깔만 다른 똑같은 두 종류의 제품이 매장에 진열되어 있는데, 한 제품은 잔뜩 쌓여 있고 다른 제품은 몇 개 남지 않았다면, 후자에 관심을 갖게 된다. 다수가 선택한 제품인 데다 희귀하기 때문이다.

"이 회사는 세일 안 하기로 유명합니다. 이번 세일이 처음이자 마지막이 될 가능성이 높습니다. 지금 아니면 절대로 이 가격에 살 수 없습니다."

"국내에 딱 세 점 남아 있던 작품입니다. 한 점은 파손되었고, 한 점은 외국으로 유출되었고, 남은 물건은 이 한 점이 전부입니다."

평소에 가격이 비싸서 외면했던 제품이나 희귀한 물건을 손에 넣을 기회가 주어지면 마음이 흔들린다. 세상을 살아오면서 자연스럽게 '희귀한 것 = 소장 가치 = 이익'이라는 공식이 머릿속에 각인되어 있기 때문이다.

친구에게 선물할 때도 같은 가격이라면 수제품이 좋다. '수제품'이라는 말 속에는 '소량생산 = 희귀한 물건'이라는 뜻이 숨겨져 있기 때문에 선물을 받는 사람의 입장에서는 기분이 더 좋을 수밖에 없다.

희귀성의 원칙은 칭찬에서도 통한다. 같은 말이라도 "요즘 젊은 사람이 대체적으로 그렇기는 하지만 김 대리도 일은 참 잘해"라는 말보다는 "내가 그동안 많은 사람을 봐왔지만 김 대리처럼 일 잘하는 사람은 처음이야"라는 말이 듣기에 한결 더 좋다.

세계에서 가장 많은 발명품을 남긴 토머스 에디슨은 "명화의 가치는 그 희귀성에 있다"라고 말했다. 에디슨은 대중이 널리 사용할 수 있는 새로운 물건을 발명하면서도, 희귀성의 가치를 알아본 것이다.

현대는 에디슨이 살던 시대보다 여러모로 풍족한 세상이다. 풍족한 세상일수록 사람의 마음을 움직이는 건 흔하지 않은 것들이다.

사과할 줄 알아야 신뢰할 수 있다

"타이레놀을 절대 복용하지 마세요."

이는 1982년 타이레놀 제조사인 존슨앤존슨이 벌인 캠페인이다.

그해 9월 시카고 일대에서 타이레놀 캡슐을 복용하고 8명이 숨졌다. 조사 결과 캡슐 안에 청산가리가 들었다는 사실이 드러났다. 존슨앤존슨은 회장을 포함한 7인의 위기관리위원회를 구성했다. 그들은 피해자 지원과 인명 피해 방지를 최우선 과제로 삼았다. 지역 매체에 광고를 하는 등 지역 경찰과 함께 대대적인 캠페인을 벌이는 한편, 범인 검거를 위해 10만 달러의 현상금을 걸었다.

경찰 수사 결과 누군가가 고의로 타이레놀에 독극물을 투입했다는 사실이 밝혀졌고, 미국 식품의약국(FDA)은 "소매 유통 단계에서 누군가가 타이레놀에 의도적으로 청산가리를 투입했으므로 시카고 지역의 타이레놀만 거둬들여도 좋다"라고 말했다.

그러나 존슨앤존슨은 전국에 배포된 3천만여 통의 제품을 모두 수거했고, 이미 판매된 캡슐은 정제형 알약으로 교환해주겠다는 광고를 내보냈다. 또한 유통업체, 약국, 병원 등에 50만 건이 넘는 관련 정보를 발송했다. 이 과정에서 독극물이 함유되어 있는 75개의 타이레놀이 수거되었다.

정부기관의 조치보다 한발 빠른 신속하고 양심적인 대응으로, 8퍼센트까지 떨어졌던 시장 점유율은 불과 1년도 채 지나지 않은 1983년 5월, 사고 전의 점유율 35퍼센트를 회복했다.

"어떤 손해를 보는 한이 있더라도 제품을 전량 회수해 소비자의 안전을 지키겠습니다."

2000년 6월 일본 안구질환용 안약을 판매하는 산텐제약에 소포가

하나 도착했다. 소포에는 벤젠이 들어 있는 안약과 함께, 2억 원을 송금하지 않으면 안구에 치명적인 벤젠을 투입한 안약을 전국에 살포하겠다는 협박장이 들어 있었다.

타이레놀 사태와는 달리 피해자가 아직 발생하지 않은 협박에 불과했지만 산텐제약은 비상 체제에 들어갔다. 그날 저녁 산텐제약 사장은 기자회견을 열고 사건 경위와 함께 제품 회수 의사를 밝혔다.

산텐제약은 7만 개의 소매점에 배포되어 있던 24개 품목 250만 개의 제품을 회수하였고, 그로 인해 30억 원에 이르는 손실을 입었다. 그러나 10여 일 뒤 범인이 검거되자, 소비자들은 격려와 함께 사고 위험을 원천 차단한 산텐제약에 무한한 신뢰를 보냈다.

잘못을 인정하는 데는 용기가 필요하다. 권위가 떨어질까 봐, 혹은 그로 인해 손해를 볼까 봐 자신의 잘못임을 알면서도 침묵하는 경우가 대부분이다.

기업의 경우는 전례를 남기는 데다 파산의 두려움 때문에 잘못을 인정하기가 더더욱 어렵다. 수많은 기업이 자신들의 잘못임에도 발뺌하거나 은폐를 시도하다가 더 큰 손실을 보았고, 파산하기도 하였다.

사과에도 타이밍이 있다. 적절한 타이밍을 놓치면 사과 자체가 어렵다. 일단 잘못이 발견되면 정직하게 사과하고, 곧바로 그에 대한 조치가 이루어져야 한다. 그러나 제때 사과하고, 신속하게 조치를 취하는 사람이나 기업은 그리 많지 않다. 개인에게든 기업에든 돌발 상황인 데다 유심히 보면 빠져나갈 길이 여러 갈래 보이기 때문이다. 그러다 보니 잘못을 회피하기 위해 변명으로 일관하거나, 오히려 상대방에게 잘못을 뒤집어씌우기도 한다.

　미국의 정신의학자 아론 라자르는 "사람들은 사과를 나약함의 상징으로 보는 경향이 있다. 그러나 사과는 위대한 힘을 필요로 한다"라고 말했다.

　존슨앤존슨과 산텐제약은 사고가 터졌을 때 누구의 잘못이냐를 따지기 전에 '이미 벌어진 사실'을 인정했다. 그 사실을 깨끗이 인정하고, 사과할 부분이 있으면 사과한 뒤 신속하게 후속 조치를 취했다.

　사람들은 자신의 단점이나 잘못을 인정하면 상대방이 실망할까 봐 우려한다. 하지만 솔직히 인정해버리면 공격할 대상을 잃고, 그에 대해서 재평가를 하게 된다. 비난으로 일관하는 경우도 있지만 대개는 호감으로 돌아선다. 그것이 품격 있는 말과 행동이며, 가치 있고 용기 있는 행위임을 우리 스스로 너무도 잘 알기 때문이다.

기분을 바꿔주는 연상 작용

뇌는 정보를 접하면 연상 작용을 한다. 흰쌀밥이 밥공기에 담겨 있는 사진을 보면 어떤 사람은 제일 먼저 어머니를 떠올리고, 어떤 사람은 김치를 떠올리고, 어떤 사람은 이팝나무를 떠올린다.

개개인의 연상 체계는 살아온 환경과 경험이 다르기 때문에 제각각이다. 그러나 같은 시대를 살아온 사람들은 어떤 정보를 접하면 동시에 같은 연상 작용을 한다. 살아온 환경과 경험치가 유사하기 때문이다. 예능 프로그램에 나온 오랜 연인이나 친구들이 MC가 던진 질문에 같은 답을 하는 이유도 경험치가 비슷하기 때문이다.

뇌가 성장하는 청소년기에 이소룡 영화를 보고 자란 세대는 쌍절곤을 보면 이소룡을 떠올리고, 드래곤볼을 보며 자란 세대는 구슬을 보면 드래곤볼을 떠올리고, 탑블레이드를 보며 자란 세대는 팽이를 보면 탑블레이드를 자동적으로 떠올린다.

연상 기법은 브레인스토밍에서도 애용하는 방법 중 하나다. 연상 작용을 통해서 뇌를 활성화시켜 새로운 아이디어를 끄집어낸다.

뇌는 시각뿐만 아니라 청각, 후각, 미각, 촉각 등을 통해서도 연상 작용을 한다. 운전 중 통화가 위험한 이유도 뇌의 이러한 성질 때문이다. 대화를 하면 뇌는 운전 중임에도 대화 내용을 떠올린다. 대화 내용에 빠져들면 반사 신경이 느려지고, 때로는 앞의 물체를 발견하지 못하기도 한다.

대화할 때 연상 작용을 하는 뇌의 속성을 잘 이용하면 마음을 쉽게 움직일 수 있다. 어떤 말들은 연상 작용을 통해서 기분을 좋게 만들어 준다.

"양복이 잘 어울리세요."

뇌는 작은 칭찬에도 기분이 좋아진다.

"양복이 참 잘 어울리세요. 킹스맨의 콜린 퍼스 같아요."

좀 더 구체적으로 칭찬해주면 영화의 주인공이 된 것 같은 기분을 느낀다.

"이 카페 어디서 본 것 같아."

"어디서?"

"아, 맞다! 세렌디피티. 청춘 남녀 간의 운명적인 만남을 다룬 영화인데 거기 등장하는 카페 세렌디피티 같아."

"영화가 개봉된 후 뉴욕의 관광 명소가 되었다는 그 카페?"

"응. 카페 분위기 때문인가. 이렇게 마주 앉아 있으니까 마음이 설레."

대화 도중에 뇌가 연상 작용을 하면 실제로 신체는 그대로 반응한다. 공포영화를 떠올리면 맥박이 빨라지고, 달콤한 로맨스를 떠올리면 뇌에서 '행복호르몬' 도파민이 분비된다.

인간은 행복을 추구하는 존재다. 어떻게 하면 행복해질 수 있느냐에 대해서는 의견이 분분한데 노벨 경제학상 수상자 다니엘 카너먼은 이렇게 정의한다.

"기분 좋은 시간이 길면 길수록 행복하다."

마음을 움직이고 싶다면 연상 작용을 통해서 상대방을 일단 기분 좋게 만들어라. 불행할 때는 마음의 문을 꼭 닫지만 행복할 때는 마음의 문을 활짝 연다.

앞말이 사실이라면 뒷말도 사실로 받아들인다

"우리 조만간 밥 한번 먹어요."

사회생활을 하다 보면 자주 하는 말이면서도 지키지 못하는 약속 중의 하나다. 예의상 할 때도 있지만 말할 당시에는 진심이 담겨 있는 경우도 적지 않다. 그럼에도 실제 밥 한 끼 같이하는 경우는 드물다. 그 이유는 약속 자체가 구체적이지 못해서 확정된 사실이 아니기 때문이다. 약속을 지키고 싶다면 구체적으로 정해야 한다.

"화요일 점심 어때요?"

"좋아요!"

"점심시간 열두 시부터죠? 제가 회사 근처로 가서 전화할게요."

두루뭉술했던 약속도 구체성을 띠면 비로소 사실이 된다.

뇌가 일을 처리하는 데도 우선순위가 있다. 정확하고 구체적이어서 '사실이 된 약속'이 선순위고, 지켜도 되고 안 지켜도 그만인 '사실이 아닌 약속'은 후순위다. 바쁜 시간을 쪼개서 선순위 약속을 지켜나가다 보면, 후순위 약속은 일시적인 감정처럼 어느 정도 시간이 경과하면 스르르 소멸해버린다.

우리는 사실과 거짓이 혼재된 사회를 살아가고 있다. 사람들이 하는 말은 물론이고, 인터넷에 떠도는 자료 중에도 거짓 자료가 적지 않다. 심지어 가짜 뉴스가 SNS를 통해 버젓이 떠돈다.

실정이 이렇다 보니 확실하다는 믿음이 없으면 일단 의심부터 하고 본다. 무작정 믿었다가 낭패를 보느니 차라리 의심하는 쪽이 여러모로 손실이 적기 때문이다.

뇌는 일 처리를 단순화하는 경향이 있다. 사람들이 쏟아내는 무수한 말들 중에서 사실과 거짓을 가려내려면 적잖은 에너지가 소모된다.

'이 말은 여러 정보를 취합한 결과 사실일 확률이 육십삼 퍼센트야', '지금 한 말은 신뢰도가 떨어지는군. 사실일 확률은 십칠 퍼센트밖에 안 돼'라는 식으로 세밀하게 분석한들 실제 이득은 그리 크지 않다. 대부분 나의 이익과 관련 없기 때문이다.

따라서 뇌는 '믿을 만한 사람'과 '믿지 못할 사람'으로 분류해서 사실과 거짓을 구분한다. 그러다 보니 간혹 믿는 도끼에 발등 찍히는 사태가 발생한다. 믿을 만한 사람이 이득을 안겨주겠다고 거짓말할 경우, 어이없을 정도로 쉽게 넘어가기도 한다.

하지만 뇌는 일단 그런 일이 발생하면 운명 내지는 일시적인 불운으로 받아들인다. 그편이 스스로의 어리석음을 자책하는 것보다 마음이 편하기 때문이다.

뇌는 말 한 마디, 한 마디보다 전체적인 분위기를 중시한다. 앞에 한 말들이 사실일 경우 뒤에 이어지는 말도 일단 사실로 받아들인다.

따라서 처음 만났거나 몇 번 만나지 않은 경우, 설득하기 위해서는 전략이 필요하다. 말할 때 누구나 아는 보편적인 사실에서부터 시작하여 사실일 가능성이 높은 이야기, 내가 하고 싶은 이야기 순으로 말하면 신뢰감을 줄 수 있다.

"오늘 날씨 참 화창하죠? 요즘 물가가 많이 올라서 장보기가 겁나네요. 그래서 제가 살림에 보탬이 되는 정보를 하나 알려드리려고요."

앞에 한 말들이 사실이기 때문에 뒤의 말조차도 별다른 의심 없이 사실로 받아들인다.

자기가 친절을 베푼 사람을 더 좋아한다

"야, 물 한 잔만 갖고 와!"
"일하느라 바빠서 그런데 물 한 잔만 갖다줄 수 있어?"

만약 누가 심부름을 시킨다면 어느 쪽을 원하는가? 아마도 대다수가 후자를 원하리라. 왜냐하면 전자는 '명령'이고 후자는 '부탁'이기 때문이다.

인간은 명령하는 사람보다는 부탁하는 사람을 더 좋아한다. 명령은 무뚝뚝하고 딱딱하지만 부탁은 친절하고 부드럽다. 또한 명령은 거절할 자유의지 자체를 인정해주지 않아서 무시당하는 느낌이 들지만, 부탁은 거절할 자유의지 자체를 인정해줘서 존중받는 느낌이 들기 때문이다.

사람의 마음을 사로잡으려면 무작정 베풀기보다 부탁할 줄도 알아야 한다. 부탁은 아무나 할 수 있을 것 같지만 그렇지 않다. 부탁에는 항상 '거절'이라는 변수가 있기 때문에, 거절당한다 해도 마음에 상처를 입지 않을 정도로 자존감이 높지 않으면 잘 하지 못한다.

인간은 자기에게 친절을 베푼 사람보다 자기가 친절을 베푼 사람을 더 좋아한다. 자식이 부모를 사랑하는 것보다 부모가 자식을 더 사랑하는 이유도 한결같은 마음으로 사랑을 베풀어왔기 때문이다.

심리학에서는 이를 '벤 프랭클린 효과'라고 한다. 이는 벤저민 프랭클린이 펜실베이니아주 의원으로 있을 때, 정적이 아끼는 진귀한 책을 일부러 빌려달라고 부탁해서, 그 정적을 친구로 만들었다는 일화에서 유래한다.

그 뒤 벤저민 프랭클린은 유명한 명언을 남겼다.

"적이 당신을 한 번 도우면 나중에 더 열렬히 당신을 돕게 된다."

이러한 현상은 인지 부조화로 인해서 발생한다. 뇌는 평화주의자여서 내적 갈등을 못 견뎌한다. 싫은 사람을 도와주면 뇌는 자신의 생각과 행동의 불일치로 인해 괴로워한다. 생각과 행동을 일치시켜야만 평상심을 되찾을 수 있기 때문에 어떤 식으로든 자신의 행동을 합리화한다.

'잘했어! 아무리 사람이 싫다고 해도 소인배처럼 행동할 수는 없지.'

마음의 문은 한 번 열리기 어렵지, 일단 열리면 그다음에는 활짝 열린다.

누군가의 마음을 사로잡고 싶을 때, 일방적인 애정 공세를 퍼붓는 것뿐만 아니라 당당하게 부탁하는 것도 하나의 방법이다.

사람들은 부탁을 받으면 흔쾌히 들어주기도 하지만 그 사람과의 관계가 틀어질까 봐 마지못해 들어주는 경우 또한 적지 않다. 이유야 어떻든 일단 부탁을 들어주고 나면 그 사람에 대해서 각별한 마음이 생긴다.

부탁이란 아무리 가까운 사이일지라도 능력이 없으면 들어줄 수 없다. 자신의 능력을 발휘할 기회가 주어진 데다, 부탁을 들어주기까지 그 사람에 대해서 계속 생각하기 때문에 부탁을 들어주고 나면 각별한 마음이 싹튼다.

관계를 돈독히 하고 싶다면 들어줄 수 있는 부탁을 하라. 만약 거절한다고 해도 섭섭해하지 말고 당연시하라. 거절은 나에 대한 거절이 아니라, 상대방의 이런저런 사정으로 인해 빚어진 거절이기 때문에 마음의 상처를 받을 이유가 조금도 없다.

자연스럽게 부탁하는 것도 능력이라면 거절당했을 때 마음의 상처를 받지 않는 것도 능력이다. 그것은 곧 자존감이 높다는 의미다.

자신감이 설득력이다

"이 사업은 반드시 성공할 수밖에 없는 일곱 가지 이유가 있습니다!"

사모펀드 사장인 K는 아침에 출근 준비를 하다가 뇌출혈로 쓰러졌다. 가족과 의료진의 신속한 조치로 일주일 만에 퇴원해서 현직에 복귀한 그는 겉보기에는 전과 다름없었다. 그러나 심리적으로 위축된 상태였다. 사업체도 한순간에 쓰러질 수 있다는 생각이 들어서 매사에 조심하다 보니 그동안 추진해왔던 사업 대부분이 보류되었다.

K는 송도에 상가를 신축하는 프로젝트를 1년 전부터 추진해왔다. 장점이 많던 사업이었는데 그 일 이후로는 단점만 눈에 들어왔다. 시행사 선정을 앞둔 상황에서 백지화할 수도 없는 노릇이어서 그의 고민은 점점 깊어졌다.

마음의 결정을 내리지 못한 채 K는 A사와 B사의 프레젠테이션을 들었다. 전체적인 아이템이나 논리는 비슷했는데 결과는 딴판이었다. A

사의 프레젠테이션을 들었을 때 프로젝트 철회를 결심했는데 B사의 프레젠테이션을 듣고는 프로젝트를 추진하기로 마음을 돌렸다.

K의 마음을 흔든 건 무엇이었을까?

그건 다름 아닌 프레젠테이션을 한 사람의 태도였다. A사 직원은 이성에 호소하느라 다소 소극적으로 접근한 반면, B사 직원은 이성에 호소면서도 자신감에 차 있었다.

자신감은 열정의 분출이다. 인간의 감정은 전염된다. 두려움도 그렇고 자신감도 그렇다. 특히 리더의 감정은 조직원 전체에 지대한 영향을 미친다.

자신감은 자기 확신에서 나온다. 예절과 배려가 부족하면 자만심이 되고, 근거가 없으면 근자감이 되기도 하지만, 자신감만큼 사람을 돋보이게 하는 것도 많지 않다.

특히 경쟁자가 많은 상황에서 자신감은 마음을 움직이게 만드는 비결이 된다. 그래서 취업용 자기소개서에 빈번하게 등장하는 문항이 '입사 후 포부'다. 업무에 대한 자신감이 있어야만 자발적이고 적극적인 자세로 임하기 때문이다.

연예란에는 흥행에 성공한 영화, 혹은 드라마의 배우 캐스팅에 대한 후일담이 종종 실린다. 단골로 등장하는 내용은 대개 두 가지다. 하나는 캐스팅 제의가 들어왔으나 다른 작품을 선택하느라 아깝게 놓쳤다는 것이고, 다른 하나는 적극적인 대시로 그 배역을 따냈다는 것이다.

적극적인 대시는 자신감의 또 다른 표현이다. 배우가 먼저 감독에게 전화를 걸어서 그 역할을 꼭 맡고 싶다는 의사를 밝히거나, 감독을 직접 찾아가서 설득하면 마음이 흔들릴 수밖에 없다.

인간은 저마다 장단점이 있다. 어떤 일을 맡기려 할 때 적확한 사람을 찾아내기란 쉽지 않다. 비슷비슷하다고 판단될 경우, 자신감은 마음을 움직이게 하는 강력한 동기가 된다.

미래는 그 누구도 알 수 없다. 당사자도 불안한데 상대방마저 자신 없어 하면 왠지 일이 잘 안 될 것 같은 불길한 예감에 사로잡힌다. 반면 자신감으로 가득 찬 눈빛과 말투, 몸짓을 보면 왠지 잘 풀릴 것 같은 예감이 든다.

미국의 전설적인 테니스 선수 스탠리 로저 스미스는 "경험은 무슨 일을 할지를 말해주며, 자신감은 그 일을 할 수 있게 해준다"라고 말했다.

자신감을 가져라! 자신감은 나의 마음뿐만 아니라 상대방의 마음마저도 흔들어, 결국 그 일을 멋지게 완성시킨다.

한결같다면 신뢰할 수 있다

"밥 안 먹었지? 밥 먹으러 가자!"

약속 장소에 가자, 선배인 L이 건넨 말이었다. 1년 만의 만남인데도 S는 그 말을 듣는 순간, 묘한 안도감이 들었다. 대학 다닐 때 수시로 들었던 말이었다. 그때는 몰랐는데 오랜만에 들으니 가슴이 뭉클했다.

식당에 들어가니 대학 시절 그랬던 것처럼 물과 젓가락, 숟가락까지 챙겨주었다. 밥을 먹는 동안 S는 '이 선배 하나도 변하지 않았구나'라는 생각에 수시로 L의 얼굴을 쳐다보았다.

L은 대학 동창인데 지극히 평범한 남자다. 잘생기지도 않았고, 좋은 직장을 다니는 것도 아니었다. 그런 그가 미인인 데다 성격까지 소탈해서 뭇 남자의 가슴을 설레게 했던 S와 결혼한 결정적인 비결은 '한결같음'이었다.

S는 많은 남자와 데이트를 했다. 한창 때는 간과 쓸개까지 빼주겠다

는 남자도 있었지만 한결같은 사람을 찾기란 어려웠다. 자기 여자라는 생각이 들면 점점 소홀해졌고, 심지어 몰래 바람을 피우기까지 했다.

대학 다닐 때는 L이 눈에 차지 않았다. 그런데 다양한 남자를 만나 보니 비로소 그의 장점이 눈에 들어왔다. 배신도 당하고 실망도 많이 한 때문인지 다른 사람의 말은 좀처럼 믿기 어려웠다. 그러나 그의 말만큼은 신뢰가 갔다.

강한 사람은 한결같고 한결같은 사람은 강하다. 누구든지 한두 번쯤 친절을 베풀고 있다. 그러나 오랜 세월 꾸준하게 친절을 베풀기란 쉽지 않다.

일관성 있는 말은 마음을 움직인다. 설령 그것이 진실이 아닌 거짓일지라도 인간의 마음은 흔들리게 되어 있다.

'삼인성호(三人成虎)'라는 고사성어가 있다.

전국 시대 위나라 혜왕 때의 일이다. 태자가 조나라로 볼모로 가게 되어서 신하인 방총이 함께 떠나야 했다. 방총은 자신이 자리를 비운 사이에 간신배들이 자신을 음해할까 봐 걱정스러워, 혜왕에게 물었다.

"전하, 누가 와서 저잣거리에 호랑이가 나타났다고 하면 전하께서는 믿으시겠습니까?"

"어떤 바보가 그런 말을 믿겠소."

"그러면 두 사람이 똑같이 저잣거리에 호랑이가 나타났다고 한다면 어찌하시겠습니까?"

"역시 믿지 않을 것이오."

"만약, 세 사람이 똑같이 아뢴다면 그때는 어찌하시겠습니까?"

"그렇다면 믿을 것이오."

　방총은 저잣거리에 호랑이가 나타날 수 없다는 것은 명백한 사실이지만 세 사람이 똑같이 말한다면 저잣거리에 호랑이가 나타난 꼴이 된다며, 누군가가 자신을 음해해도 믿지 말라며 신신당부했다. 혜왕은 그러겠노라고 약조했다.

　하지만 수년 후 볼모에서 풀려난 태자는 귀국했지만 혜왕의 의심을 받은 방총은 끝내 귀국할 수 없었다.

　낙숫물이 바윗돌을 뚫는다고 하지 않았던가. 처음에는 흘려듣다가도 계속 말하면 마음이 흔들리고, 결국 그 말을 믿게 된다. 세뇌라는 것도 같은 이치다.

　《논어》'술이편(述而篇)'에서 공자는 말한다.

　'성인을 만나볼 수 없다면 군자라도 만났으면 좋겠다. 선인을 만나볼 수 없다면 한결같은 사람이라도 만났으면 좋겠다.'

한결같은 이는 선인에 버금가는 사람이다. 감언이설은 마음을 잠깐 움직일 수는 있어도 오래가지는 못한다. 반면 한결같은 사람의 말은 점점 신뢰가 쌓여서, 의심하기보다는 일단 믿고 본다.

존중받는 사람이 능력을 발휘한다

"넌 친절하고, 똑똑하고, 소중한 사람이야."

캐서린 스토킷의 원작 소설을 각색한 영화〈헬프〉에 나오는 대사다. 이 영화는 1960년대 초반, 미시시피주 잭슨이라는 마을의 백인 가정에서 일하는 흑인 가정부의 삶을 통해, 인종차별에 대해서 이야기하고 있다. 17명의 백인 아이를 키웠지만 정작 자신의 아들은 남의 손에 맡겨야 했던 흑인 가정부 에이블린. 그녀는 자신을 해고시킨 백인 부모의 딸에게 힘주어 말한다. 넌 친절하고, 똑똑하고, 소중한 사람이라는 사실을 잊지 말라고. 학교에서는 비록 왕따였지만 '소중한 사람'이라는 가정부의 말에 용기를 얻은 아이는 결국 베스트셀러 작가가 된다.

"당신은 특별한 사람입니다."

세계적인 화장품 회사 메리케이의 창업자 메리 케이 애시. 그녀는

45세에 회사를 설립해서, 미국 최대의 화장품 회사로 키운 입지전적인 인물이다. 그녀는 '남에게 대접받고 싶은 만큼 남을 대접하라'는 대원칙 아래 회사를 운영했다. 방문 판매 사원들이 대부분이었음에도 여성을 위한 10대 기업, 가장 일하고 싶은 100대 기업에 올랐다.

메리 케이 애시가 성공하기까지 지대한 영향을 준 사람은 어머니였다. 그녀가 좌절해 있을 때면 넌 소중한 사람이고, 능력이 있으니까 잘해낼 거라고 용기를 북돋워주었다. 어머니의 사랑을 통해서 영감을 받은 그녀는, 인간은 존중받는 만큼 자신의 능력을 발휘한다는 사실을 깨달았다. 그녀는 임직원들을 지위 고하에 관계없이 존중했고, 그들의 근본적인 문제를 해결해주기 위해서 노력했다.

존중받고 싶은 욕구는 인간의 기본 욕망이다. 누군가의 마음을 사로잡고 싶다면 상대방의 눈을 보고, "당신은 소중한 사람입니다"라고 말하라. 지극히 간단하지만 믿기지 않을 만큼 효과가 있다.

인류의 삶은 기브 앤드 테이크에 길들여져 있다. 음식이든 호의든 간에 누군가로부터 무언가를 받았다면 그에 상응하는 것을 되돌려줘야만 개운하다.

마음도 마찬가지다. 주는 만큼 받는다. 만약 관계가 안 좋은 사람이 있다면 다가가서 "당신은 소중한 사람이고, 나는 당신을 사랑합니다"라고 말해보라. 당신이 진심을 담아서 말할수록 상대방도 당신을 더 좋아하게 될 것이다.

아이들은 친구가 자신을 욕하면 손바닥을 들어올리며 "반사!" 하고 외친다. 네가 한 욕이니 네가 먹으라는 뜻이다.

영국의 소설가 윌리엄 메이크피스 새커리는 이렇게 말했다.

"세상은 거울이다. 세상은 거울과 같아서 모든 사람의 얼굴을 비춰준다. 세상을 향해 얼굴을 찌푸려보라. 그러면 세상은 당신을 험상궂게 바라볼 것이다. 세상을 향해 웃음을 지으며 세상과 하나가 되어보라. 그러면 세상은 유쾌하고 친절한 동반자가 되어줄 것이다."

누군가의 마음을 움직이고 싶다면 비난 대신 존중의 말을 하라. 존중의 말에는 거부할 수 없는 강력한 에너지가 깃들어 있다.

훌륭한 비유는 설득력이 강하다

"오늘 우리는 치욕스러운 현실을 변화시키기 위해 이곳에 모였습니다. 어떤 의미에서 우리는 국가가 우리에게 보증한 수표를 현금으로 바꾸기 위해 모였습니다. 미국 건국에 참여한 사람들이 서명한 헌법과 독립선언문에 담긴 훌륭한 구절들은 약속어음에 비유할 수 있습니다. 그들은 모든 사람에게 타인에게 양도할 수 없는 생명권, 자유권, 행복추구권이 있다는 내용의 약속어음에 서명했습니다.

그러나 미국은 유색인종들에게는 약속을 제대로 이행하지 않고 있습니다. 미국은 신성한 의무를 이행하지 않고 '잔고 부족'이라고 표시된 부도어음을 되돌려주고 있습니다. 그러나 우리는 정의라는 이름의 은행이 파산했다고는 생각하지 않습니다. 기회라는 은행의 금고 속에 잔고가 부족하다고도 생각하지 않습니다. 우리는 약속어음에 명시되어 있는 자유와 정의를 돌려받기 위해서 이곳에 모였습니다."

이는 미국 인권운동의 상징인 마틴 루터 킹 목사의 '나에게는 꿈이 있습니다'라는 연설 일부분이다. 1963년 8월 28일, 워싱턴 DC, 링컨 기념관 광장에 모인 30만여 군중 앞에서 한 연설로 미국의 역사를 바꿨다는 평가를 받고 있다.

헌법에 명시된 생명권, 자유권, 행복추구권을 '약속어음'에, 흑인들이 받는 부당한 대우를 '부도어음'에 비유해서 투쟁의 정당성을 피력하고 있다.

흑인들이 처한 부당한 대우에 대해서 일일이 나열하면 끝도 없을뿐더러 어느 한 가지라도 빠지면 그 밖의 사람들로부터 비난을 받게 된다. 하지만 적절한 비유는 모든 상황을 압축하고 있기 때문에 대중의 마음을 쉽게 움직일 수 있다.

적절한 비유는 시시비비를 가리지 않고 모든 사람의 마음을 흔든다. 만약 예수가 하나님은 모든 사람을 평등하게 사랑한다고 직설적으로 표현하면, "살인범이나 강도도 사랑하시느냐?", "어떻게 독실한 신자인 나를 살인범과 똑같이 사랑할 수 있느냐?" 하는 등의 수많은 질문이 쏟아질 수 있다. 그래서 예수는 이렇게 말한다.

"양 한 마리가 산에서 길을 잃고 헤매면 목자는 양 아흔아홉 마리를 놔두고 한 마리 양을 찾으러 나선다."

기억하기도 좋고 얼마나 적절한 비유인가. 살인범이나 강도일지라도 하나님에게는 길 잃은 한 마리 양과 다름없다. 태어날 때부터 살인범이나 강도였던 사람이 누가 있겠는가. 잠시 눈앞의 이익이나 욕망에 눈이 멀어서 길을 잃었을지라도, 진심으로 회개한다면 용서받을 수 있다는 하나님의 큰 사랑이 함축되어 있다.

먼저 이해해야만 공감할 수 있고, 공감해야만 비로소 마음이 움직인다. 논리로 누군가를 설득하려면 각자의 프레임이 다르기 때문에 이해 자체가 쉽지 않다. 하지만 적절한 비유를 섞어 설득하면 자기 식대로 해석해서 이해도 빠르고, 공감대도 쉽게 형성되어 어렵잖게 마음을 움직일 수 있다.

{ **친절이 마음을 흔든다**

'고맙습니다. 그것뿐입니다. 바닷소리가 들립니다. 고로 씨, 들립니까? 모두 친절합니다. 하지만 고로 씨가 제일 친절합니다. 나와 결혼해주었으니까요. 고맙습니다. 많이 고맙습니다. 안녕히 주무세요. 파이란.'

송해성 감독의 영화 〈파이란〉의 원작 소설은 아사다 지로의 단편소설 〈러브레터〉다. 영화는 짧은 소설을 각색하다 보니 약간의 살이 붙어 있다.

소설의 주인공은 포르노숍 전무인 다카노 고로다. 불법 포르노 비디오를 판 죄로 열흘 동안 구류를 살고 나오니 보안계 형사가 찾아온다. 형사는 고로의 호적상 아내인 파이란이 죽었다는 소식과 함께 서류 봉투를 건넨다.

고로는 호적상 남편이지만 한 번도 그녀를 만난 적이 없다. 일본 취업을 위해 중국에서 건너온 그녀에게 50만 엔을 받는 조건으로 호적에 올려줬을 뿐이다.

재수 더럽게 없다고 투덜거리던 고로는 파이란의 시신을 수습하러 가는 기차 안에서 서류 봉투를 열어본다. 봉투 속에는 참하게 생긴 여인의 여권 사진과 창녀생활을 하면서 틈틈이 쓴 편지가 들어 있다.

첫 번째 편지에서 그녀는, 고로가 실상 아무것도 해준 것도 없는데 친절을 베풀어줘서 고맙다며 인사를 한다. 소설에서는 창녀로, 영화에서는 세탁소 직원으로 등장하는 낯선 여인의 감사 편지를 읽고 나자 고로의 마음도 조금씩 흔들린다.

고로는 바텐더생활에서부터 시작해서 심부름센터 직원, 포르노숍과 게임방 전무 노릇을 하며 청춘을 보낸, 세상의 온갖 더러운 꼴을 다 경험한 중년 사내다. 이미 정리가 끝난 두 사람의 관계를 이어준 끈은 호적상 아내인 파이란의 죽음이지만 실질적인 끈은 '친절'이다.

세상이 어떤 곳인지 너무나 잘 알기에, 친절을 베풀어줘서 고맙다는 생면부지의 아내가 쓴 편지가 더욱 아프게 다가온다.

고로는 꿈에서 파이란을 만나 고향집에 찾아간다. 이내 달콤하면서도 허망한 꿈에서 깨어난 그는 회한의 눈물을 흘리며 중얼거린다.

"야쿠자, 경찰, 손님 할 것 없이 모두가 너를 괴롭혔는데 도대체 뭐가 친절하다는 거야? 우린 전부 거머리들이니 고맙다고 하지 마."

바다도 한 번 본 적 없는 깡촌에서 살다 돈벌이를 위해 일본으로 건너온 파이란. 그녀는 고로의 사진을 매일 들여다보며 그를 생각한다. 자신의 죽음을 예감한 파이란은 편지 말미에 죽고 나면 고로 씨의 무덤에 넣어줄 수 없겠느냐고 부탁한다. 고로는 파이란의 유골함을 안고 고향으로 돌아가리라 결심한다.

낯선 사람에게 베푸는 작은 친절이 모티브가 되어서 연인관계로 발전하는 영화는 헤아릴 수 없이 많다. 그럼에도 〈파이란〉이 관객의 가슴을 울리는 까닭은 우리 모두가 타인에게 친절한 척 미소를 짓지만, 실제로는 친절하지 않은 세상에 살기 때문 아닐까.

물론 친절이 몸에 밴 소수의 사람도 있다. 그러나 대다수는 타인에게 무심하다. 가까운 사이거나 호감을 갖고 있지 않다면 선뜻 친절을 베풀기란 쉽지 않다. 친절을 베푸는 행위 자체가 오해의 소지가 있는 데다 번거롭기 때문이다.

"비가 많이 오네요. 저랑 우산 같이 쓰고 가실래요?"

"무거우시죠? 어디까지 가세요, 제가 들어드릴게요."

다들 바쁘게 살다 보니 타인을 배려할 마음의 여유가 없기 때문일까. 조금만 신경 쓰면 베풀 수 있는 작은 친절마저도 막상 실행하는 사람은 많지 않다. 그래서 누군가가 목적 없는 순수한 친절을 베풀면 마음이 급격히 흔들린다.

미국 작가 크리스티안 네스텔 보비는 "친절, 그것은 벙어리도 말할 수 있는 단어요, 귀머거리도 이해할 수 있는 단어이다"라고 말했다.

상대방의 마음을 움직이고 싶다면 아낌없이 친절을 베풀어라. 친절이 효과가 높은 이유는 방관자가 아닌 삶 속으로 들어가기 때문이요, 그것이 무엇을 의미하는지 이해하기 쉬워서 공감 또한 쉽기 때문이다.

최고의 처세술은 정직이다

시골호박. 캐나다에서 가장 존경받는 정치인 중 한 명인 장 크레티앙의 별명이다. 성격이 워낙 소탈한 데다 청바지를 즐겨 입고 다녀서 붙은 별명이다.

장 크레티앙은 퀘벡주 출신의 프랑스계 캐나다인으로, 가난한 집안의 19남매 중 18번째로 태어났다. 어렸을 때 청력을 잃었는데 제때 치료받지 못해 안면 근육 마비가 왔다. 영어 실력도 부족하고 입이 비뚤어지는 바람에 발음마지도 정확하지 않은 그는 대학을 졸업하고 변호사로 사회에 첫발을 내딛었다.

1963년 스물아홉 살에 하원의원에 당선되어 정치를 시작했고, 1993년 캐나다 총선에서 자유당의 대승을 이끈 뒤 총리가 되었다. 12년 동안 세 번이나 총리를 연임하는 동안 교육청을 통폐합하고, 국영기업을 민영화하는 등 작은 정부를 지양했던 그의 정책에 힘입어서 캐나다는 만성적인 재정 적자에서 벗어날 수 있었다.

장 크레티앙은 2003년에 스스로 총리직과 당수직을 내려놓으면서 정계를 은퇴하였고, 변호사로 돌아갔다. 하지만 국민들은 여전히 그를 존경하고 그리워한다.

장 크레티앙이 정치가로 활동할 때는 그의 장애와 어눌한 말투가 늘 문제를 불러왔다. 정치 만화가들은 그의 장애를 과장되게 풍자했고, 반대파들은 그 약점을 집요하게 파고들었다.

그가 선거 유세를 다닐 때의 일화다.

"여러분, 저는 언어장애를 갖고 있습니다. 그 때문에 오랜 시간 고통을 당했고, 지금도 언어장애 때문에 저의 생각과 의지를 제대로 전하지 못할까 봐 고통스럽습니다. 인내심을 갖고 제 말에 귀 기울여주시기 바랍니다. 저의 어눌한 발음에 귀 기울이지 마시고, 그 속에 담긴 저의 생각과 의지에 귀를 기울여주셨으면 합니다."

그때 군중 속에서 누군가 소리쳤다.

"한 나라를 대표하는 총리에게 언어장애가 있다는 것은 치명적인 결점 아닙니까?"

그러자 장 크레티앙이 단호하게 말했다.

"나는 말을 잘 못하지만 거짓말은 안 합니다!"

세상에 거짓말을 안 하고 사는 사람이 누가 있겠는가. 더군다나 온갖 흑막에 싸여 있는 정치가가 아닌가. 하지만 캐나다 국민들은 그가 투명하고 정직한 사람임을 알고 있었기에 아무런 의심도 하지 않았다.

장 크레티앙은 장애라는 약점을 정직으로 돌파했다. 사람의 마음을 움직이는 가장 큰 힘이 정직임을 확신했기 때문이다.

《돈키호테》의 저자 미겔 데 세르반테스는 이렇게 말했다.

"정직함은 진실을 사랑하는 마음에서 나온다. 정직함은 최고의 처세술이다. 정직만큼 풍요로운 재산은 없다. 정직은 사회생활을 하는 데에서 지켜야 할 최소한의 도덕률이다. 하늘은 정직한 사람을 도울 수밖에 없다. 정직한 사람은 신이 만든 것 중 최상의 작품이기 때문이다."

마음을 움직이는 강력한 비결 중 하나는 정직이다. 상대방에게 정직한 사람이라는 인식을 심어줄 수만 있다면 마음을 사로잡는 것쯤은 그리 어렵지 않다. 정직한 사람은 존경받을 자격이 있고, 그의 말은 귀 기울여 들을 가치가 있기 때문이다.

가끔은 침묵이 더 설득력 있다

"…… 나는 우리의 민주주의가 크리스티나가 상상한 것처럼 좋았으면 합니다."

2011년 1월 8일 애리조나 투싼시의 세이프웨이 슈퍼마켓 앞에서 총기난사 사건이 일어났고, 21명의 사상자가 발생했다. 6명이 숨졌는데 가장 어린 피해자는 2001년 9.11 테러 때 태어난 크리스티나라는 아홉 살짜리 소녀였다. 오바마 대통령은 추모식에 참석해서 30분 넘게 연설했고, 연설 막판에 크리스티나를 언급했다. 그리고 51초 동안 침묵을 지킨 뒤 '서로가 서로를 존중하기를 희망한다'는 내용으로 연설을 마무리했다.

오바마의 침묵 연설에 대해 정적들마저 명연설이라며 호평하였고, 지지율은 무려 5퍼센트나 솟구쳤다.

침묵은 말일까, 아닐까?

침묵은 좁은 의미에서 본다면 '말'이 아니다. '말'은 '사람이 소통을 위해 입과 혀를 써서 소리를 내는 수단'이기 때문이다. 하지만 '의사소통'이라는 넓은 의미에서 본다면 침묵 역시 또 다른 의미의 '말'이라고 할 수 있다.

탁월한 연사는 침묵을 적절히 활용한다. 연단에 올랐는데 좌중이 시끌벅적하면 "조용하세요!"라고 소리 지르는 대신에 침묵한다. 당연히 시작될 줄 알았던 연설이 이어지지 않으면 사람들은 입을 다물고 제자리로 돌아가 연단을 주시한다.

대화할 때도 침묵을 적절히 활용하면 마음을 움직일 수 있다. 말이 지나치게 많은 사람들은 자신이 무슨 말을 하고 있는지조차 모르면서 계속 떠벌리는가 하면, 했던 말을 몇 번이고 되풀이하기도 한다. 또한 말을 많이 하다 보면 깊이 생각할 시간적인 여유가 없다. 이럴 때는 차라리 침묵하는 게 낫다.

톨스토이는 "말을 제대로 못했던 것을 유감으로 생각한다면, 침묵을 지키지 못했던 것에는 백 번이라도 후회해야 한다"라고 했다.

대화란 생각, 마음을 주고받기 위한 수단이다. 의견 차가 심하지 않을 때는 대화를 통해서 합의점을 찾을 수 있다. 그러나 의견 차가 심할 때는 감히 반박할 엄두조차 나지 않는다. 이런 경우에도 침묵이 하나의 대안이 된다.

물론 침묵은 대안일 뿐 결정적인 해결책이 될 수는 없다. 인간은 상대방의 침묵마저도 자신이 유리한 쪽으로 해석하는 경향이 있기 때문이다.

그러나 지적 능력을 갖추고 있고, 어느 정도 양식이 있는 사람이라면 침묵의 의미를 해석하기 위한 시도를 한다. 대개는 상대방이 침묵에 이른 상황을 이해하기 위해서 스스로 한 말과 상대방이 한 말들을 곰곰이 되씹어본다. 더러는 그 과정에서 자신의 주장이 잘못되었음을 깨닫고 깨끗이 인정하기도 한다.

살다 보면 침묵해야 할 때도 있고, 말하는 도중에 감정이 복받쳐 올라 본의 아니게 침묵하는 경우도 있다. 누군가를 위로할 때, 침묵을 적절히 사용하면 공감 능력이 뛰어난 사람처럼 보인다.

침묵은 잘만 활용하면 백 마디 말보다 더 강력한 효과를 발휘한다. 이를 위해서는 나와 상대방 사이에 흐르는 미묘한 감정선을 놓치지 말아야 한다. 내 감정 상태가 어떤지, 상대방의 감정 상태가 어떤지를 정확히 파악해야 침묵을 적절히 사용할 수 있다.

Chapter 5

회사에서 소통의 달인이 되는 법

말을 시작하기 전에 반드시 생각할 시간을 가져라.
당신이 하고자 하는 말이 말할 가치가 있는지,
무익한 말인지, 누군가를 해칠 염려가 없는지
잘 생각해보라.

_ 톨스토이

{ 숫자로 말하면
정확한 사람이라는 인식을 준다

"이번 달 매출 목표는 달성할 것 같아?"

"네, 목표는 무난히 달성했습니다. 이번 달 매출 목표는 이십 퍼센트인데 이 점 삼 퍼센트를 상회하는 이십이 점 삼 퍼센트를 달성했습니다."

조직에서 능력을 인정받는 가장 빠르고 확실한 방법은 탁월한 업무 역량을 보여주는 것이다. 그러나 같은 조직에서 일한다면 기본 능력 자체는 엇비슷하다고 봐야 한다. 밤늦도록 홀로 남아서 야근을 하거나 주말에 특근을 하지 않고, 한정된 업무 시간 안에 똑같이 일하고서 탁월한 업무 역량을 증명하기란 쉽지 않다.

물론 업무 역량이 뛰어난 소수의 인재가 있다. 그들은 놀라운 집중력으로 기획안을 작성하거나 프로젝트 수행 과정에서 자신의 역량을 드러낸다.

하지만 조직에서 인정받는 대다수의 인재는 업무 역량이 뛰어나다기보다는 말을 요령 있게 해서 그렇게 비춰지는 것뿐이다.

직장 안의 언어와 밖의 언어는 다르다. 직장은 목적 집단이기 때문에 언어를 구분해서 사용할 필요가 있다.

가족이나 친구와 대화할 때는 두루뭉술하게 대답해도 상관없다. 그러나 조직에서 상사와 대화할 때, 특히 상사의 질문에 대답할 때는 구체적인 숫자를 인용하며 대답할 필요가 있다.

우리는 숫자만큼은 바꿀 수 없는 확실하고 분명한 것이라는 인식을 지니고 있다. 따라서 대화할 때 숫자를 섞어서 말하면 확실하고 분명한 사람으로 보인다. 그것이 바로 숫자가 지닌 마력이다.

CEO는 물론이고 중간 관리자만 되어도 매출에 민감할 수밖에 없다. 매출이 늘어나야 능력을 인정받는 데다 상사에게 보고하기도 편하기 때문이다.

"사드 때문에 이번 분기 매출이 많이 떨어졌지?"

"사회 전반에 미치는 사드 영향력이 이만저만이 아닙니다. 우리 회사도 예외는 아닙니다. 중국 쪽은 고전을 면치 못하고 있습니다."

물론 틀린 대답은 아니지만 훌륭한 대답 역시 아니다. 친구나 가족과 대화할 때라면 이 정도로도 충분하다. 그러나 대화 상대가 상사라면 좀 더 정확한 정보를 제공해야 한다.

"네, 삼 분기 전체 매출은 사 점 오 퍼센트 하락했습니다. 중국이 이십칠 점 육 퍼센트 하락했습니다. 대신 태국과 베트남을 비롯한 동남아시아가 삼십사 점 오 퍼센트, 유럽이 십이 점 오 퍼센트, 미주가 삼 점 칠 퍼센트 늘었습니다. 사드 영향으로 전체 매출은 줄었지만 그 밖의 지역에서 꾸준히 느는 추세입니다. 매출 편중으로 인한 리스크가 해소돼서, 장기적인 안목으로 본다면 긍정적인 현상으로 보입니다."

'막연함'은 항상 불안감을 동반한다. 숫자는 구체적이기 때문에 불안감을 일순 해소하는 힘이 있다.

숫자에 민감해져라. 본사의 연매출, 분기별 매출, 월매출 등등을 암기해놓아라. CEO는 경쟁사의 동향에 민감하다. 경쟁사의 매출까지 암기해두었다가 비교 보고하면, 훨씬 더 강렬한 인상을 남길 수 있다.

암기력이 떨어진다면 수첩에 적어두었다가 필요할 때마다 꺼내 보는 것도 하나의 방법이다. 데이터를 기반으로 침착하게 보고하면, 매사에 사소한 실수조차도 용납하지 않는 정확하고 확실한 사람이라는 인식을 심어줄 수 있다.

두괄식 보고를 하면 심플해 보인다

"요즘 표정이 좀 어둡네. 무슨 고민 있어?"
"고민은 무슨…… 잠을 제대로 못 자서 그래."
"왜 잠을 못 잤는데?"
"뭐 이것저것 생각하다 보니까 새벽이더라고."
"무슨 생각을 밤새 한 거야?"
"별거 아냐. 상사가 나만 괴롭히는 것 같아서, 직장을 옮겨야 하나 계속 다녀야 하나…… 뭐, 이래저래 생각이 많더라고."

한국말은 끝까지 들어봐야 한다는 말이 있다. 한국인은 가까운 사람에게도 속마음을 잘 드러내지 않는다. 그러다 보니 본론을 꺼내기까지 적잖은 시간이 걸린다.

한국인은 수수께끼를 즐기는 민족이다. 좋은 쪽으로 해석하면 마음에 여유가 있고, 상상력이 풍부하다. 답이 제일 뒤에 숨어 있어서, 정답에 이르기까지 여러 추론을 하면서 상상의 나래를 펼 수 있다.

판소리나 전래동화 같은 이야기들도 권선징악을 주제로 하고 있어서 기승전결로 짜여 있다. 결론은 모든 이야기가 끝나야 알 수 있다.

우리는 일상생활 속에서 미괄식으로 이야기한다. 사석에서는 문제 될 게 없다. 공감대를 형성해서 미괄식으로 말하는 게 오히려 유리하다. 그러나 효율성을 중시하고, 과정보다 결과가 중요한 조직에서는 두괄식으로 말해야 한다.

조직에서 미괄식으로 보고하면 동문서답처럼 느껴질 수 있고, 질문의 핵심에서 벗어난 인상을 준다. 보고를 받는 동안에도 '그래서 어떻게 됐다는 거야?'라는 물음이 계속 머릿속을 맴돈다.

현대인들은 정보 홍수 속에서 살아간다. 포털만 하더라도 하루에 수많은 기사가 올라온다. 제목만 훑어도 세상이 어떻게 돌아가는지 알 수 있다. 제목 속에 핵심 내용이 담겨 있기 때문이다. 제목을 봐도 정확히 이해가 가지 않는다면 기사를 몇 줄만 읽어보면 전체 내용을 한눈에 파악할 수 있다. 대부분의 기사가 두괄식으로 기술되었기 때문이다.

상사에게 보고할 때도 첫마디에 핵심 내용을 담아야 한다.

"현재 그 일은 어떻게 진행되고 있나?"

"납품이 이틀 늦어질 것 같습니다. 물량 확보에 애를 먹었지만 다행히 모두 확보했고, 현재 선적 중입니다."

조직에서 지위가 높아질수록 여러 일을 처리해야 한다. 세세한 것까지 일일이 신경 쓸 수 없기 때문에 핵심 내용이 담겨 있는 간략한 보고를 원한다.

인간의 기억력에는 한계가 있다. 처음에 들은 내용은 잘 기억하지만 뒤로 갈수록 기억하지 못할 확률이 높다. 따라서 내용이 복잡할수록 간략하게 보고하되, 중요한 내용을 앞에 놓는 역피라미드방식으로 보고할 필요가 있다.

인간은 감정적인 동물이다. 분명 업무 역량이 뛰어난 사람인데도 괜히 싫은 부하가 있고, 반대로 업무 역량은 별로인데도 마음 가는 부하가 있다.

조직생활을 잘하려면 이미지관리를 할 필요가 있다. 보고 하나만 잘해도 상사들의 인식이 달라진다. 두괄식 보고를 하면 사람이 심플해 보이고, 업무 전반을 장악하고 있다는 인상을 준다.

{ 태도의 변화가 큰 차이를 만든다

"이거 내일 퇴근 전까지 처리해."

"과장님, 그건 좀 곤란합니다. 부장님이 다른 일 다 제쳐놓고 N 프로젝트에만 매진하라고 했거든요."

정도의 차이야 있겠지만 직장이 재미있고 즐거워서 다니는 사람은 극소수다. 대다수는 경제 활동을 해야 하므로 마지못해 다닌다.

직장인이 동경하는 '꿀 직장'이나 '꿀 보직'은 흔치 않다. 상대적으로 편한 것뿐이다. 대다수 직장인은 위에서 시키면 시키는 대로 해야 하다 보니 그로 인한 스트레스가 이만저만 아니다. 속으로는 화가 부글부글 끓어올라도 마땅히 표출할 길이 없다. 퇴근 후 술로 화를 달래거나 취미 활동을 하는 것이 고작이다. 울화가 치밀어도 꾹 참으면서 몇 년 지내다 보면 몸도 상하고 마음도 상해서 그제야 자발적으로 퇴사하기도 한다.

사회적으로 성공한 사람들, 특히 직장에서 성공한 사람들에게서 찾아볼 수 있는 공통점 하나는 '긍정적인 마인드'다. 주어진 상황 자체를 바꿀 수는 없지만 상황을 어떤 식으로 받아들이냐에 따라서 업무에 대한 부담감이 달라진다. 부정적인 마인드로 받아들이면 태산 같던 일도, 긍정적인 마인드로 받아들이면 깃털처럼 가벼워진다.

하고 있는 일도 벅찬데, 상사가 불쑥 또 다른 일거리를 내밀면 속에서 욱하고 뜨거운 것이 치밀어 오르게 마련이다. 표정관리도 안 되고, 온갖 욕설이 머릿속을 채운다.

사실 이런 상황에서는 대처 방법도 쉽지 않다. 업무가 과다할 때는 거절하는 게 현명하다. 하지만 거절에도 순서와 방법이 있다. 무작정 거절하면 어느 상사가 기분 좋겠는가.

속이 부글부글 끓더라도 일단은 "네 알겠습니다!"라고 말하는 게 좋다. 그런 다음 거절하는 이유를 슬쩍 덧붙여라.

"네, 과장님, 알겠습니다. 그런데 부장님이 다른 일 다 제쳐놓고 N 프로젝트에만 매진하라고 했는데 어떡하죠?"

"그래? 그럼 어쩔 수 없지. 하던 일 계속해."

상황이 이런 식으로 흘러가면 내가 거절한 게 아니라, 상사 스스로 명령을 철회한 꼴이 된다. 그러나 "안 됩니다"라거나 "곤란합니다"라고 말하면 내가 거절한 모양새가 된다. 결과는 같다 할지라도 나를 바라보는 상사의 인식이 달라진다.

어차피 피할 수 없는 일이라는 판단이 들면 기분 좋게 받아들이되, 기한을 최대한 연장하는 것도 하나의 방법이다.

"네, 알겠습니다. 지금 하는 일을 마무리해야 해서 이번 주 금요일까지 하겠습니다."

어떤 명령을 내리든지 긍정적인 태도로 접근하는 부하 직원을 사랑하지 않을 상사는 없다.

윈스턴 처칠은 "태도는 사소한 것이지만 그게 만드는 차이는 엄청나다. 즉, 어떤 마음가짐을 갖느냐가 어떤 일을 하느냐보다 더 큰 가치를 만들 수 있다"라고 했다.

태도 하나만 바꿔도 주변의 인식과 평판이 달라진다.

어차피 흘러가는 세월이다. 도살장에 끌려가는 소처럼 질려 끌려가지 말고 긍정적인 태도로 업무를 대할 필요가 있다.

{ 사적인 정보교환이 공감대를 형성한다

"자네는 반복되는 직장생활이 지겹지 않나?"

점심 식사 뒤 마주 앉아 커피를 마시는데 박 부장이 뭔가를 곰곰이 생각하다가 김 대리에게 불쑥 물었다.

순간, 김 대리는 긴장했다. 박 부장은 부임한 지 얼마 되지 않은 상사라 가뜩이나 어려운데, 업무 관련해서는 물론이고 사사건건 트집을 잡아서 대하기가 여간 부담스러운 게 아니었다. 또 이번에는 무슨 트집을 잡으려고 저러나 걱정됐지만, 솔직하게 대답했다.

"지겹습니다! 밤늦게까지 야근하거나, 술도 잘 못하는데 술 접대라도 하고 나서 다음 날 출근하려면 정말 죽을 맛입니다. 하지만 그래도 어떡합니까? 가족들 생각해서라도 열심히 일해야죠."

박 부장이 고개를 끄덕이는가 싶더니 다시 물었다.

"자네 큰애가 몇 살이라고 했지?"

"이번에 유치원에 입학했습니다. 사진 보여드릴까요?"

김 대리는 지갑 속에 넣고 다니던 가족사진을 꺼내 보여주었다. 박 부장은 가족사진을 유심히 들여다보았다.

"똘망똘망하게 생겼군."

신기하게도 그날 이후로 박 부장은 더 이상 트집을 잡지 않았다.

직장이란 각기 다른 삶을 살아왔던 사람들이 한곳에 모여서 이익을 창출해내고, 그에 대한 대가를 받는 곳이다. 사생활과 분리된 별도의 세계라고 생각하기 쉽지만 그곳 역시 사람이 사는 곳이다.

개인의 능력에 대한 정확한 평가는 사실상 불가능하다. 업무 능력이 뛰어날지라도 대인관계 능력이 떨어질 수 있고, 대인관계 능력이 뛰어날지라도 업무 능력이 부족할 수가 있기 때문이다.

그러다 보니 매년 승진 심사에서 이변이 속출한다. 당연히 승진할 줄 알았던 사람이 떨어지고, 누락될 줄 알았던 사람이 의외의 승진을 한다.

조직에서 능력을 인정받는 비결 중 하나는 '동지 의식'이다. 조직원들과 동지 의식을 맺어놓으면 능력 이상의 평가를 받을 수 있다.

동지 의식이 없으면 이해관계에 의해서만 움직이기 때문에 사사건건 마찰이 일어난다. 이익과 이익이 충돌할 때 타협안을 찾기란 쉽지 않다. 그래서 대인관계를 잘하는 사람들은 지연, 학연, 혈연 등을 적절히 활용한다. 인맥을 형성해놓으면 서로에 대한 이해의 폭이 넓어져서, 쉽게 타협안을 찾아낸다.

하지만 굳이 인맥을 활용하지 않더라도, 서로의 사생활을 어느 정도 알게 되면 '우리는 같은 직장인'이라는 동지 의식이 싹트게 된다.

세계인들의 구루이자 철학가인 오쇼 라즈니쉬는 "누군가와 서로 공감할 때, 인간관계는 좀 더 깊어질 수 있다"라고 했다.

　조직에서 불편한 사람이 있다면 먼저 마음을 열고 다가가라. 사석에서 개인적인 고민이나 사생활을 털어놓으면 '아, 이 사람도 나처럼 가족을 먹여 살리기 위해서 일하는 직장인이구나!' 하는 깨달음과 함께 동지 의식이 싹튼다.

{ 상대방의 말을 부정하는 듯한 접속부사는 피해라

"아, 좋은 생각입니다!"

박 대리가 의견을 내놓자마자 정 대리가 곧바로 말을 이어받았다. 그러나 박 대리의 표정은 딱딱하게 굳었다. 회의 전에 간단히 이야기를 나눈 터라 곧 그가 무슨 말을 할지 짐작했기 때문이다.

'그러나 저는 생각이 조금 다릅니다. 매장 앞에 가판대를 설치하는 건 좋지만 단조로우니 아예 만국기를 내걸고, 신나는 음악도 틀고 대대적인 세일 행사를 하는 게 좋을 것 같습니다! 이왕이면 신나게 판을 벌이는 거죠.'

그런데 이어지는 정 대리의 말에 박 대리는 깜짝 놀랐다.

"그리고 이건 어때요? 가판대를 설치한 김에 만국기도 내걸고, 신나는 음악도 틀고, 대대적인 세일 행사를 하는 거예요. 신명나는 판을 벌이는 거죠."

박 대리는 의외였다. 항상 모든 사람의 의견을 반박한 뒤 자신을 의견을 내세우던 정 대리가 자신의 의견을 수용할 줄은 미처 몰랐던 것이다.

조직에는 정 대리처럼 자기주장이 강한 사람들이 있다. 자신의 생각을 강하게 밀어붙이다 보니 다른 사람들의 의견은 무시하기 일쑤다.

사회생활을 할 때는 적을 만들지 않는 지혜가 필요하다. 열 사람이 나무를 심어도 한 사람이 뽑으면 당해낼 재간이 없듯, 열 명의 친구를 만들어도 한 명의 적이 등 뒤에서 험담하고 다니면 이미지가 나빠질 수밖에 없다.

사람들과 대화할 때, 특히 회의석상에서는 말투에 각별히 신경 써야 한다. 불필요한 말로 상대방의 신경을 자극할 필요는 없다. 세상에 어느 누가 자신의 의견을 정면으로 반박하는데 좋아하겠는가.

조직생활에서는 항상 조화와 융합을 생각해야 한다. 회의는 상대를 말로 굴복시켜 자신의 생각을 관철시키는 자리가 아니다. 서로 생각을 교환해서 최선을 도출해내기 위함인데, 그런 자리에서도 꼭 칼날 같은 말로 마음에 상처를 입히는 사람이 있다.

의견을 개진할 때는 다른 사람의 의견을 치워내고, 그 자리에 자신의 의견을 올려놓으려고 욕심 부려서는 안 된다. 비록 다른 생각일지라도 그 옆자리에 자신의 의견을 슬쩍 내려놓는 게 좋다. 그럼 상대방도 자신의 의견이 그 자리에 그대로 놓여 있으니 반발심을 갖지 않는다.

부부간의 대화도 마찬가지다. 사이가 안 좋은 부부를 보면 어느 한쪽이 상대방의 의견을 깔아뭉갠다. 결혼생활이란 서로 다른 두 사람이 마음을 하나로 모아서 살아가는 과정이다. 서로의 차이를 인정하지 않으면 행복한 결혼생활은 요원할 수밖에 없다.

쓸데없이 미움받지 않으려면 평소에 '그러나'와 '그리고' 같은 접속부사를 가려서 사용해야 한다. 별 차이 없어 보이지만 듣는 사람 입장에서는 천양지차다.

'그러나'는 앞의 내용과 뒤의 내용이 상반될 때 사용하는 접속부사다. '그러나'를 사용하면 앞의 내용을 부정하는 셈이 된다. 반면 '그리고'는 앞의 내용과 뒤의 내용을 연결해줄 때 사용하는 접속부사다. '그리고'를 사용하면 말과 말을 이어주는 셈이 된다. '그러나'는 상대방을 밀치는 느낌의 말이라면, '그리고'는 상대방의 손을 잡아주는 느낌의 말이다.

'말로 입힌 상처는 칼로 입힌 상처보다도 깊다'는 모로코 속담이 있다. 접속부사만 가려서 사용해도 최소한 상대방의 마음을 상하게 하지 않는다.

칭찬의 기술을 익혀라

"김 대리님은 참 좋은 사람 같아요. 무뚝뚝해 보여서 자기만 아나 싶었는데, 주변 사람들도 잘 챙겨주고 인사성도 바르고…… 요즘 시대에 김 대리님 같은 분 드물지 않나요?"

호감을 나타낼 때 가장 많이 쓰는 방법은 칭찬이다. 칭찬은 몇 마디 말에 불과하지만 효과는 기대 이상이다.

칭찬을 받으면 살아 있다는 사실이 기쁘고, 자신의 가치를 인정받은 것 같아서 존재감이 높아진다. 동시에 세상이 긍정적으로 보이고, 마음이 열려서 웬만한 부탁쯤은 선뜻 들어주게 된다.

칭찬은 상대방을 기쁘게 할 뿐만 아니라 칭찬하는 사람에게도 기쁨을 준다. 상대방이 기뻐하는 표정을 지으면 자신도 무심결에 같은 표정을 짓고, '미러링 효과'를 통해서 상대방과 비슷한 기쁨을 맛볼 수 있다. 거기다 덤으로 상대방으로부터 호감과 존중을 얻을 수 있다.

동기나 아랫사람에게 하는 칭찬은 많은 사람이 있는 공개석상에서 하는 게 효과적이다. 여러 번 해주는 게 좋은데 일회성에 그치지 않으려면 그 사람의 장점을 찾아서 진심으로 칭찬해야 한다. 칭찬받으면 자신의 능력을 한껏 발휘하기 때문에 아랫사람을 다루는 현명한 방법 중 하나가 칭찬이다.

상사에게 칭찬할 때는 신중해야 한다. 상사도 칭찬에 굶주려 있지만 권위를 중시하다 보니, 아랫사람에게 칭찬받아도 권위를 손상시킬 수 있는 칭찬이라고 판단되면 오히려 화를 내기도 한다. 따라서 입에 발린 칭찬이나 과장된 칭찬보다는 "얼굴이 환하세요. 요즘 무슨 좋은 일이라도 있나요?", "피부가 참 좋으세요. 피부관리 쉽지 않은데 무슨 비결이라도 있나요?"와 같은 소소한 칭찬이 바람직하다.

대하기가 어려운 사람이라면 정면에서 칭찬하는 것보다는 제삼자를 통해서 하는 것이 좋다. 지인을 통해서 누군가가 자신을 칭찬했다는 말을 전해 들으면 그 사람에게 호감이 생긴다. 좋은 이미지가 급부상하는 것이다.

칭찬 효과를 극대화하려면 일방적인 칭찬보다는 반전을 가미하는 게 효과적이다. 처음 만났을 때 대판 싸웠던 남녀가 결혼에 골인해서 주변 사람을 놀라게 하는 경우가 종종 있다. 처음에는 형편없는 사람인 줄 알았는데 알고 보니 진국인 경우 마음이 확 끌리기 때문이다.

"처음에는 무뚝뚝한 데다 상사에게 대들어서, 뭐 저런 예의도 모르는 사람이 있나 했네요. 그런데 제 안목이 짧았어요. 해야 할 말은 사장님 앞일지라도 당당히 하는 반면, 부하 직원은 살뜰하게 챙겨주고…… 완전 의리파더라고요. 우리 박 과장님, 진짜 멋있어요!"

칭찬은 세상을 살아가는 지혜요, 호감의 표현이요, 장점의 발견이다. 칭찬에 인색한 이들은 사회성이 다소 부족한 사람이다.

괴테는 "남의 좋은 점을 발견할 줄 알아야 한다. 그리고 남을 칭찬할 줄도 알아야 한다. 그것은 남을 자기와 동등한 인격으로 생각한다는 의미를 갖는다"라고 말했다.

칭찬만 잘해도 조직에서 가치와 능력을 인정받는다.

윗사람의 체면을 생각하고 말해라

"이 일은 누가 할래? 박 과장, 자네가 해볼래?"

부장이 승인된 프로젝트를 하나 들고 와서 물었다. 박 과장은 내키지 않는 표정이었다. 그다지 비중 있는 일도 아니어서 박 과장이 대답을 망설이는 참에 김 대리가 나섰다.

"부장님, 그런 일은 제가 전문가입니다. 과장님 대신 제가 하겠습니다!"

"그래, 그럼 자네가 해. 박 과장, 김 대리에게 맡겨도 괜찮겠지?"

"아, 네."

박 과장이 떨떠름하게 말했다.

며칠 뒤 부장이 비슷한 일을 들고 와서 박 과장에게 다시 물었다. 그러자 이번에는 정 대리가 나섰다.

"부장님, 그 일은 제가 하겠습니다. 닭 잡는 데 소 잡는 칼을 쓸 필요는 없잖아요?"

그러자 부장은 물론이고 박 과장까지 기분 좋은 얼굴로 흔쾌히 승낙했다.

유교권의 국가에서는 체면을 중시한다. 중국 속담에 '스님의 체면은 봐주지 않아도 부처의 체면은 봐주어야 한다'는 말이 있다. 지위가 높은 사람, 손위 사람의 체면은 살려주어야 한다는 뜻이다.

사회인이 되면 지위나 체면에 민감할 수밖에 없다. 그것들이 또 다른 나의 얼굴이기 때문이다. 따라서 상대방의 지위나 체면을 깎아내리는 말을 해서는 안 된다.

김 대리의 말은 일견 그럴싸하게 들린다. 그러나 박 과장의 입장에서 생각해보면 자신을 비전문가라고 무시하는 것만 같아서 기분이 나쁠 수밖에 없다. 반면 정 대리의 말은 '자신보다 높은 지위에 있는 사람은 이런 사소한 일보다는 더 중요한 일을 해야 한다'는 의미를 담고 있어서, 박 과장으로서는 기분이 좋을 수밖에 없다.

직장인이 자주 사용하고 좋아하는 말 중 하나가 '전문가'다. 이런 말은 나를 내세울 때가 아니라 상대방을 치켜세울 때 사용해야 효과를 볼 수 있다.

내가 듣기 싫은 말은 상대방도 듣기 싫어하고, 내가 듣고 싶어 하는 말은 상대방도 듣고 싶어 한다. 들으면 은근히 기분 좋은 말이 있다. 누군가에게 "당신 참 능력자야!"라는 말을 들었는데 기분이 좋았다면, 그 말을 기억해두었다가 적절한 순간에 다른 사람에게 사용하면 호감을 살 수 있다.

예전에 내가 모시던 상사는 술을 마시면 내게 종종 말했다.

"자네, 참 보면 볼수록 좋은 사람이야. 세상 물정 모르는 것도 아니면서 지나치게 영악하거나 속되지 않아서 좋아."

나는 존칭만 슬쩍 바꿔서 그 말을 몇 사람에게 써먹었다. 내가 그랬던 것처럼 그들도 진심으로 좋아했고, 실제로 삶에서도 경계선을 벗어나지 않으려고 노력했다.

《대학》에서는 '남에게 거슬린 말을 하면 거슬린 말이 되돌아온다'라고 했다. 말을 할 때는 항상 상대방의 기분을 생각해야 한다.

사명감이 가치와 능력을 높여준다

"요즘 일하는 게 재미있어요! 보람도 있고요. 우리 회사도 사기업이니까 영리 추구가 우선이죠. 하지만 소비자의 안전과 편리를 최우선적으로 고려해서 제품을 만들고 있습니다. 수익의 일부를 사회에 환원하는 사회 공헌 활동도 열심히 하고 있고요. 예전에는 월급을 받는 즐거움으로 직장에 다녔다면 요즘에는 인류의 삶에 기여하고 있다는 즐거움으로 직장에 다녀요."

K는 가전제품 회사의 총무과 2년차 대리다. 온갖 잡다한 일로 정신없이 바쁘지만 인사성도 바르고 붙임성도 좋다.

입사 직후 K가 찾아왔다. 회사를 그만두겠다고 해서 이유를 물어보니, 자신이 하고 싶었던 일은 이런 일이 아니라고 했다. 그래서 "무슨 일을 해보고 싶은 거야?"라고 물으니, 자신 있게 대답을 못 했다.

"이직하는 건 나쁘지 않은데, 그 전에 네가 하는 일의 본질에 대해

서 곰곰이 생각해봐. 그 일이 어떤 의미가 있고, 얼마만큼의 가치가 있는 일인지 말이야."

1년쯤 지난 뒤 그와 다시 만났다. 얼굴이 몰라볼 정도로 환해져 있었다. 목소리에도 활력이 넘쳤고, 눈빛은 사막 위의 별처럼 반짝거렸다.

행복한 직장생활을 하는 비결은 뭘까?

직장인의 행복에 영향을 미치는 요인을 조사한 연구 결과에 의하면 '긍정적인 사고'와 '사명감'이 중요 요인 1, 2위로 나타났다. 그다음이 상사와의 원만한 관계였다.

직장인들 사이트에 들어가면 대다수 직장인이 스스로를 '노예'나 '하인'으로 비하한다. 부정적인 시선으로 바라보면 '노예'나 '하인'의 삶에서 벗어날 수 없다. 그러나 긍정적인 시선으로 바라본다면 '또 다른 무엇'이 되어 유의미한 삶을 살아갈 기회를 잡을 것이다.

자존감 높은 사람은 어떤 상황에서도 자신을 깎아내리지 않고 가치 있는 존재로 바라본다. 업무를 바라볼 때도 마찬가지다.

목구멍이 포도청이라서 해고당하지 않기 위해 마지못해 일한다고 생각해보라. 자존감도 떨어지고, 사는 게 서글퍼진다. 직장 연차는 쌓여가는데 날이 갈수록 자신이 초라하게 느껴진다면, 일의 본질에 대해서 통찰해보는 시간을 갖는 게 좋다.

세상에 홀로 존재하는 건 없다. 모든 것은 서로 관계를 맺고 있다. 내가 하는 일 또한 마찬가지다. 세상과 밀접한 관계를 맺고 있다. 일의 본질을 통해서 가치를 발견하면 사명감이 생기고, 사명감이 생기면 자존감이 높아져서, 좀 더 잘해야겠다는 의욕이 샘솟는다.

사명감은 원초적인 두려움을 없애주고, 용기를 북돋워준다. 의사가 치사율 높은 바이러스 창궐 지역으로 들어가서 환자를 돌볼 수 있는 것도 사명감 때문이고, 소방대원이 원초적인 공포심을 극복하고 활활 타오르는 불길 속으로 뛰어들 수 있는 것도 사명감 때문이다.

오프라 윈프리는 빈민가에서 10대 미혼모의 사생아로 태어났다. 성폭행을 당해 열네 살에 조산아를 출산하였지만 아이와 2주 만에 사별해야 했다. 그녀는 마약중독자로 힘겨운 10대를 보냈지만 여봐란듯이 성공해서 가장 영향력 있는 미국의 유명인사 중 한 명이 되었다.

그녀는 자서전《이것이 사명이다》에서 네 가지 사명을 말하고 있다.

하나, 남보다 더 가졌다는 것은 축복이 아니라 사명이다.
둘, 남보다 아파하는 것이 있다면 그것은 고통이 아니라 사명이다.
셋, 남보다 설레는 꿈이 있다면 그것은 망상이 아니라 사명이다.

넷, 남보다 부담되는 어떤 것이 있다면 그것은 사명이다.

사명감을 가슴에 품어라! 사명감이 자존감을 높여주며, 당신의 가치와 능력을 한층 더 돋보이게 할 것이다.

{ 같은 위치에서 같은 방향을 보게 해라

"내가 왜 여기 섰을까? 사물을 다르게 보기 위해서지. 다른 각도에서 보려는 거야. 이 위에서 보면 세상이 무척 다르게 보이지. 믿기지 않는다면 너희도 한번 해봐, 어서, 어서!"

영화 〈죽은 시인의 사회〉에서 존 키팅 선생이 책상 위에 올라서서 밑을 내려다보며 제자들을 향해 한 말이다.

사람들은 제각각 자기 위치에서 세상을 보고, 생각하고, 결정한다. 따라서 세상을 보는 위치가 바뀌면 생각이 바뀌고, 결정이 바뀐다.

지위가 사람을 만든다는 말이 있다. 어떤 지위에 앉아 있느냐에 따라서 일을 바라보는 시각이 바뀌고, 생각이 바뀌고, 결정이 바뀐다.

'개구리 올챙이 적 생각 못한다'는 속담이 있다. 성공하고 나면 지난날의 미천하고 어려웠던 때의 일을 잊은 채 처음부터 잘난 듯이 뽐냄을 비유할 때 사용하는 말이다. 제삼자 입장에서 보면 사람 자체가 변한 듯 보이지만 당사자 입장에서 본다면 보는 시각이 바뀌었으니 생각과 행동이 달라졌을 뿐이다.

조직생활을 하다 보면 억울한 일을 당할 때가 있다. 다른 조직원들은 그 심정은 이해하지만 대개는 나 몰라라 외면한다. 조직에서의 각자 지위와 역할이 다른 데다 어떤 조직이든 크고 작은 여러 문제를 안고 있기 때문이다.

대개 이런 부류의 문제는 상사가 나설 때 쉽게 해결된다. 그러나 문제는 상사를 설득하는 게 쉽지 않다는 데 있다.

상사를 효과적으로 설득하려면 일단 상사의 시선을 바꿔야 한다. 그러기 위해서는 일단 그 자리에서 내려와 지난날의 자신을 떠올리게 해야 한다.

"부장님, 입장을 바꿔놓고 단 일 분만 생각해주세요. 만약 부장님이 지금의 저라면 이 일을 어떻게 처리하시겠습니까?"

익숙해진 지위에서 벗어난다는 것이 쉽지는 않다. 하지만 일단 지위에서 내려서면 문제를 바라보는 시각 자체가 달라진다. 시각이 바뀌면 생각이 바뀌고, 결정이 바뀌는 건 시간문제다.

"그래, 자네 입장은 충분히 이해하겠어."

입에 발린 말이 아니라, 진지하게 생각해보고 나서 한 말이라면 반은 성공한 셈이다. 일단 공감했다는 것은 같은 시각에서 문제를 바라보았음을 의미하기 때문이다.

조직에서 가치와 능력을 인정받으려면 아군을 많이 만들어야 한다. 설령 개인적 잘못으로 인해서 난감한 상황에 놓이게 될지라도 외톨이가 되어서는 안 된다.

CEO가 아닌 이상 모두가 같은 직장인이다. '우리는 같은 직장인'이라는 사실을 상기시키면, 인간적으로 공감대가 형성되고, 문제 해결을 위해서 도움을 줄 가능성이 높아진다.

조직에서 억울한 일을 당했을 때는 조직에 대한 불평불만을 늘어놓기보다 상사와 공감대를 형성하는 일이 급선무다. 다른 사람들이 자발적으로 나서지 않는다면 키팅 선생처럼 유혹해야 한다. "믿기지 않는다면 너희도 한번 해봐, 어서, 어서!"라고 재촉해서라도 내 위치로 끌어들여야 한다.

'사랑은 같은 곳에서 같은 방향을 보는 것이다'라는 말도 있듯, 같은 위치에서 같은 방향을 보면 문제는 간단히 해결된다.

확실하고 명료하게 대답해라

"아, 그 친구! 아주 꽝이야! 문장력도 형편없고, 실수는 또 왜 그렇게 많이 하는지 도무지 믿고 일을 맡길 수가 없더라고!"

"그런데 그 친구, 일 정말 잘하더라. 글도 잘 쓰고, 성격도 꼼꼼하고, 어디 하나 흠잡을 데가 없더라고!"

두 사람의 평가는 모두 한 사람에 관한 것이다.

P는 명문대학을 졸업하자마자 대기업에 입사했다. 대학 다닐 때의 잘못된 습관으로 인해 입사하자마자 몇 건의 사소한 실수를 저질렀고, 그에 대한 기대감은 실망감으로 바뀌었다. 뒤늦게 정신을 차리고 잘해 보려 했지만 한 번 굳어진 이미지는 쉽게 바뀌지 않았다. 결국 상사와 마찰을 빚고 입사 1년 만에 다른 기업으로 이직했다. 그는 전 직장에서의 경험을 교훈 삼아 신중하게 처신했고, 이내 유능한 사원으로 인정받았다.

신입 사원의 업무 능력은 대개 사소한 것에서 결정된다. 책상 정돈 상태나 파일 분류 상태, 엑셀 업무 수준, 기본적인 문장력, 오탈자, 인사성, 말투, 태도 등에 의해서 분류된다. 좋은 쪽이든 나쁜 쪽이든 간에 그렇게 한 번 이미지가 굳어지면 상당 기간 지속된다.

조직생활에서 가장 신경 써야 할 것은 업무와 관련된 말이다.

"그 일은 어떻게 진행되고 있나?"

"진행 중입니다. 어떻게 될지 아직은 잘 모르겠습니다. 다음 주나 돼야 전체적인 윤곽이 잡힐 것 같습니다."

상사의 물음에는 아무래도 신중할 수밖에 없다. 그러나 중요한 업무가 아니라면 필요 이상 신중할 필요는 없다.

상사는 결정되지 않은 대답을 들으면 부하 직원의 말을 기억해두었다가 다시 확인해볼 수밖에 없다. 웬만한 일들은 간략하고 명확하게 대답하는 것이 좋다.

"아무 걱정 마십시오. 제가 빈틈없이 처리했습니다!"

지위가 높아질수록 신경 써야 할 일이 많아진다. 자신의 일도 해야 하고 부하 직원들도 통솔해야 한다. 그러다 보니 모든 직원에 대해서 소상하게 파악할 수 없다. 직간접적으로 부딪치면서 겪은 몇 가지 일로 그 사람을 판단한다.

'애매한 말은 거짓말의 시작이다'라는 서양 속담이 있다. 대답이 불분명하면 상사는 생각이 많아지고, 부하 직원의 능력을 의심할 수밖에 없다.

그러나 일 처리에 대해서 확답을 주면 상사는 일단 자신의 머릿속에서 그 일을 지울 수 있다. 부담감을 덜어줬으니 호감이 생기고, '일

잘하는 친구'로 인식된다.

한 번 박힌 이미지는 확답을 주었던 일에 문제가 생기거나 주위에서 악담을 하지 않는 한 쉽게 바뀌지 않는다.

지위가 올라갈수록 부분보다는 전체를 보는 안목이 생긴다. 상사는 부정적이고 복잡한 대답보다는 긍정적이면서 심플한 대답을 원한다. 조직에서 가치와 능력을 인정받고 싶다면 간략하고 명확하게 긍정적으로 대답하라.

{ 감사 인사만 잘해도 인정받는다

"이번 일 도와주셔서 정말 감사합니다. 오늘 점심은 제가 사겠습니다."

배신감이나 실망감은 기대 심리가 어긋날 때 발생한다. 내가 이만큼 해줬으니 당연히 그에 대한 보답이 있을 줄 알았는데 기대에 미치지 못하는 경우, 그동안의 믿음이 깨어지면서 배신감이나 실망감으로 변한다.

신입 사원일 때는 상사는 물론이고 동기마저도 낯설어 매사에 조심스럽다. 약간의 경계심과 긴장감을 안고 살아간다. 그러다 점차 세월이 흘러 허물없는 사이가 되면 긴장감이 사라진다. 부딪히는 일도 조금씩 줄어들고 대신 도움을 주고받는 일이 잦아진다.

약간의 긴장감은 생존에 여러모로 유리하다. 긴장감이 아예 사라지면 무신경해지기 때문이다. 도움을 받아놓고도 감사 인사를 잊거나,

그 정도 일쯤은 당연시하기에 이른다. 어느 한순간 '아무 말도 없이 지나갔다고 섭섭해하지 않을까?'라는 생각이 떠오르기도 하지만 '우리 사이에 그 정도 일 갖고 섭섭해하고 그러겠어?'라며 무시해버리고 만다.

인간은 자기 편한 대로 세상을 보고 해석하려는 경향이 있다. 자라온 환경이 다르고 처해 있는 상황이 다르기 때문에 이 세상 그 누구도 내 마음 같지 않다.

세상에는 별의별 인간이 다 있다. 외향적이며 대범해 보이는 사람 중에도 뒤끝이 심한 이도 있고, 사소한 일로 토라져서 평생을 사는 이도 있다.

대인관계를 할 때는 일반적인 상식선을 벗어나지 않는 테두리 안에서 신중히 처신하는 게 현명하다. 상식선을 벗어나면 몰상식한 사람이라는 소리를 들을 가능성이 높아진다.

이미지관리를 잘하는 사람은 '감사합니다!'를 입에 달고 산다. 사소한 일에도 감사해하고, 작은 도움이라도 받으면 그냥 지나치지 않는다.

사실, '감사합니다!'라는 말은 너무 흔해서 빈말로 들리기 십상이다. 제대로 감사의 마음을 전하려면 정중한 태도로 상대방의 눈을 보고 해야 한다. 또한 표정은 진지하고 몸짓은 진중해야 하며, 말투에는 진심을 담아야 한다.

감사하는 마음을 품으면 뇌의 왼편 전전두엽 피질이 활성화된다. 신경전달물질이 분비되어 긍정적인 마음이 샘솟고, 세상이 아름답게 보이며 행복감을 느끼게 된다. 또한 감사를 받는 사람 또한 긍정적 마인드를 갖게 되며, 인간관계는 물론이고 자신의 일에 더욱더 충실해진다.

조직에서는 특출한 사람보다 무난한 사람이 인정받는다. 감사 인사만 잘해도 "그 사람 참 괜찮아!"라는 평을 듣게 된다. 사람이 어딘지 모르게 기품 있어 보이고, 별반 상관없는 업무 능력까지도 출중해 보인다.

신학자이자 반나치운동가였던 디트리히 본 회퍼는 "감사를 통해서 인생은 풍성해진다"라고 말했다. 감사는 세상과 잘 소통하고 있다는 의미요, 나름 인생을 잘 살아가고 있다는 뜻이다.

아무리 친한 사이일지라도 감사 인사를 잊지 마라. 감사해하며 살다 보면 점점 감사해야 할 일이 많아진다.

{ 상대방의 입장을 생각해서 사과해라

"죄송합니다. 제 실수였습니다. 모든 책임은 제가 지겠습니다."

사회생활을 하다 보면 크고 작은 실수나 잘못을 저지르게 마련이다. 실수나 잘못을 저질렀을 때는 깨끗이 인정하고 사과해야 이미지관리를 할 수 있다.

한국인들은 어렸을 때부터 지나친 경쟁 체제 속에서 성장해서인지 실수나 잘못을 인정하지 않으려는 경향이 있다. 특히 명문대를 나온 엘리트 출신일수록 이러한 경향이 강하다. 평균 이하의 성적을 받는 걸 못 견뎌 하다 보니, 실수나 잘못을 저질렀다는 사실 자체를 자존심 상해한다. 그래서 인정하는 대신 궤변을 늘어놓거나 아예 침묵해버린다.

경쟁을 통해서 얻은 자존감은 자존감이 아니다. 그것은 일종의 자존심으로 경쟁에서 패하면 와르르 무너진다. 자존감은 승패와 상관없이 나 자신을 가치 있고 소중한 존재로 바라보는 감정이다.

인간의 뇌는 실수를 통해 배우도록 시스템화되어 있다. 학교에서 공부를 잘하는 대다수 아이는 '오답 노트'를 만든다. 오답 노트를 만든다는 사실 자체가 자신의 실수나 잘못을 인정하고, 그 과정을 바로잡기 위함이다.

벤처 기업에서는 실수나 잘못을 당연시한다. 기술이 발달해서 이제는 한 번에 완성되는 기술이나 제품은 찾아보기 힘들다. 실수나 잘못을 하지 않는다는 것은 익숙한 분야만 계속 반복했음을 의미한다. 새로운 분야에 도전했다면 실수나 잘못을 하는 게 당연하다. 잘못된 과정이나 실수를 통해서 점점 완성해가기 때문이다.

인간관계에서도 마찬가지다. 인생을 몇 차례 살아본 사람은 없다. 아니, 설령 살아봤다 하더라도 환경 변화에 따른 변수 때문에 실수나 잘못을 피해 가기란 쉽지 않다.

실수나 잘못을 인정한다고 해서 패배자가 되는 것은 아니다. 오히려 실수나 잘못을 인정하지 않으면 마음속에 앙금으로 남아 계속 신경 쓰게 되고, 훗날 자신의 전반적인 인생을 실패로 규정할 수 있다.

좀 더 넓은 안목으로 바라볼 필요가 있다. 실수나 잘못을 저질렀다는 것은 열심히 세상을 살아가고 있다는 증거나. 누구에게나 생길 수 있는 일이기 때문에 부끄러워하지 않아도 된다. 수치스럽게 받아들일 일도 아니며, 자존감에 상처 입을 일도 아니다. 깨끗하게 사과하고, 흐트러진 마음을 재정비해서 뚜벅뚜벅 자신의 길을 걸어가면 된다.

사과는 대인관계의 기본이라고 할 수 있다. 사과할 때는 책임질 부분에 대해서는 책임을 지겠노라고 밝혀야 한다. 말로만 사과하고 책임을 회피하는 것은 진정한 사과가 아니다.

나로서는 분명 충분히 사과했음에도 상대방은 사과를 받지 못했다고 생각하는 경우가 종종 있다. 그것은 상대방을 고려하지 않고 사과했기 때문이다.

어떻게 해야 충분한 사과가 될지 잘 모르겠다면 상대방의 입장에서 생각해보라. 인간은 저마다 성향이 다르다. 상대방이 수긍하고 받아들일 수 있는 사과를 하는 게 효율적이고 바람직하다.

18세기 아일랜드의 소설가 마가렛 리 런벡은 "사과는 사랑스런 향기다. 사과는 아주 어색한 순간을 우아한 선물로 바꾼다"라고 했다.

사과를 두려워하지 마라. 비 온 뒤에 땅 굳는다고, 제대로 사과하면 당신에 대한 신뢰와 믿음은 한층 더 커진다.

고민이나 불만은 진지하게 경청해라

미하엘 엔더의 소설 《모모》의 주인공은 열 살 남짓한 고아 소녀다. 소녀는 마을 외곽의 원형 극장에서 홀로 사는데 마을 사람들 모두 소녀를 좋아한다. 모모는 숫자 감각이 없어서 자신의 나이도 모르고, 오로지 할 줄 아는 거라고는 남의 이야기를 들어주는 것뿐이다. 그럼에도 마을 사람들은 고민이나 분쟁이 생기면 모모를 찾아가고, 화해하거나 기분이 좋아져서 돌아간다.

시간은 우리의 삶이고 그 삶은 우리의 마음속에 깃들어 있다는 사실을, 작가는 신비로운 소녀 모모를 통해서 들려주고 있다.

대가족 체제가 허물어지고 핵가족 체제로 바뀌면서 공감 능력이 현저히 떨어지는 사람이 점점 늘고 있다. 같은 공간에서 생활하는 몇 안 되는 가족마저도 각자 자신의 세계에 빠져 지내다 보니, 한식구의 고민인데도 공감하지 못하는 경우가 많다.

요즘은 친구들끼리 모여도 음식을 가운데 놓고 저마다 자신의 스마트폰을 들여다보며 대화한다. 누가 고민을 하소연해도 자신과 상관없는 이야기라 판단되면 아예 귀담아듣지 않는다. 친구에게 고민을 털어놓아도 공감해주는 척만 할 뿐 공감하지 못하니 마음의 위안을 얻지 못한다. 그래서 아예 고민을 개인 블로그나 비슷한 또래끼리 정보를 공유하는 사이트에 올리기도 한다.

전반적으로 개인주의 성향이 강해지다 보니, 공감 능력이 탁월한 인재를 채용하려는 기업이 점점 많아지고 있다. 인간관계 맺기를 좋아하고 공감 능력이 탁월한 직원들이 다른 직원보다 높은 매출을 올린다는 연구 결과도 있다.

공감 능력은 로봇이나 AI가 갖기 힘든 능력이다. 문명이 진보할수록 공감 능력이 뛰어난 사람이 주목받을 수밖에 없다.

인간은 타인의 이야기에는 공감하려고 노력하지 않으면서 자신의 이야기에는 공감해주기를 바라는 이기적인 유전자를 지니고 있다. 누군가가 공감해주면 마치 칭찬을 받았을 때처럼 뇌에서 도파민이 분비되어 기분이 몹시 좋아진다. 사람들이 페이스북이나 트위터의 '좋아요'나 '리트윗'에 민감하게 반응하는 이유도 그 때문이다.

세상에 고민 없는 사람은 없다. 조직생활을 하면서 불만 없는 사람 또한 없다. 모두가 누군가에게 털어놓고 싶지만 마땅히 하소연할 사람이 없어서 혼자 삭이고 있을 뿐이다.

심각한 고민도 일단 털어놓으면 가벼워진다. 고민을 이야기하는 동안 생각이 정리되기 때문이다. 지혜나 지식이 부족하더라도, 모모처럼 진지하게 경청해주면 상대 스스로 해결책을 찾아내기 때문에 모든 게 해결된다.

알프레드 아들러는 "타인의 일에 관심을 갖지 않는 사람은 고난의 인생길을 걷지 않으면 안 되고, 타인에게도 커다란 폐를 끼친다"라고 말했다.

다른 사람이 고민을 이야기하면 스마트폰 화면을 닫고 마음을 열어라. 공감이야말로 손쉽게 상대를 내 편으로 만드는 가장 확실한 방법이다.

{ 혼자서 일하던 시대는 지났다

"네, 개발팀이 바쁜 건 압니다. 우리도 바쁜데 신제품 출시를 앞둔 개발팀은 얼마나 바쁘겠습니까? 그런데 요즘 입사 지원자들이 개발팀에 대해서 관심이 높더라고요. 채용박람회를 열면 개발팀에 대한 질문이 빗발쳐요. 우리 인사팀 직원의 지식만으로는 대답하는 데 한계가 있어서 개발팀에 파견 인원을 요청했던 겁니다. 회사 차원에서 우수한 인재를 채용해야 하겠지만 개발팀에서도 유능한 인재를 채용해야죠. 두 분이 어렵다면 한 분만이라도 보내주시죠?"

직장생활에서 중요한 업무 중의 하나가 협업이다. 기술이 발달하고 세상이 복잡해지면서 과거와 달리 협업의 중요성이 점점 커지고 있다.

몸집이 큰 회사일수록 소통에 어려움을 겪게 마련이다. 부서 내에서도 소통이 원활하지 않은데 다른 부서와의 소통은 더 말할 것도 없다. 부서마다 해야 할 일이 산더미처럼 쌓여 있기 때문에 다른 부서에서 추진하는 일마저 신경 써줄 겨를이 없다.

결정권자의 재가를 받으면 문제는 간단히 해결된다. 과거에는 결정권자에게서 결재가 나면 그대로 따르는 방식이었다. 그러나 기업의 몸집이 커지고 협업이 늘자, 부서장이 결정권을 쥔 기업 또한 늘고 있다. 결국 협업을 위해서는 부서장을 설득해야 하는 상황에 처하게 된다.

의사소통의 기본 원칙은 진실한 정보 공개다. 협업이 왜 필요한지에 대해서 정보를 모두 진솔하게 공개하고 협력을 요청해야 한다. 반대 의견이 나오더라도 이쪽 주장만 할 것이 아니라 반대 의견을 경청한 뒤 새로운 대책을 강구하는 게 바람직하다. 상대편의 의견이 더 타당하다면 수용할 자세도 갖추고 있어야 한다.

요즘에는 부서별 협업이 아니라 외부와의 협업도 많이 이뤄진다. 서로가 '윈윈'할 수 있는 일이라면 쉽지만 한쪽만 이익 보거나 양쪽 모두 이득이 없는 자원봉사 수준의 일이라면 설득이 만만치 않다.

이럴 때는 인맥을 동원하는 게 가장 빠르고 효과적이다. 마땅한 인맥이 없을 때에는 '함께', '미래', '인연'이라는 말들을 동원해서 마음을 흔들 필요가 있다.

"이것도 인연인데 우리 회사와 손잡고 함께해봅시다. 이렇게 인연을 맺어놓으면 이 일을 계기로 해서 미래에 어떤 좋은 일이 펼쳐질지 누가 알겠습니까? 우리 팀장님 성격이 신세 지고는 못 사는 사람입니다. 다른 건 몰라도 의리 하나는 확실합니다."

인간은 현재를 살아가지만 마음은 늘 미래를 살아간다. 미래의 이익이 어느 정도 보장된다면 현재의 손실쯤은 가볍게 여길 수도 있다.

사람들에게 기준의 잣대는 자신이다. 부서 내에서는 일을 웬만큼 잘해서는 칭찬받기 힘들다. 반면 작은 실수라도 했다가는 온갖 비난을 감수해야 한다. 상사들이 부서 내의 일에 대해서 잣대를 엄격하게 적용하는 이유는 이미 자신들이 해본 일이기 때문이다.

하지만 업무 자체가 협업을 통해서 이뤄지는 경우가 아니라면, 부서 간의 협업이나 외부와의 협업을 이끌어낸 경험이 풍부한 상사는 그리 많지 않다. 자신의 잣대를 적용할 수 없기 때문에, 협업을 이끌어내는 데 성공하면 '확실히 난사람'이라는 평가를 받을 수 있다.

"우리 함께 일해봐요!"

조직에서 가치와 능력을 인정받으려면 협업에 앞장서라. 혼자서 일하던 시대는 지났다. 지금은 머리와 손을 모아서 '함께' 미래를 열어가야 할 시대다.